U0020414

果煜法師 著

六妙門

禪修入門與進階

依「數、隨、止、觀、還、淨」六門，
步步趨入禪法的精髓！

目錄

2 隨息 63

3 止妄 151

4 觀慧 175

5 還源 227

【序言】

六妙門概說

當前的佛教界教授很多禪修方法，可是方法教多了，對很多人而言，不見得更有效。爲什麼呢？因爲方法太多，反而不能專心去用！記得早期農禪寺的禪堂中只教數息，於是就有人問：「法師！法師！除了數息外，你們還教其他的方法嗎？」當然我們還可以教其他的方法，但我卻回答說：「如果你連數息的方法都用不好，我再教你太多方法，反而是害你的！」

然一般行者也不甘心就只一個方法用到底，尤其在這個時代——南傳、北傳、藏傳海會雲集，很多人都對不同的方法躍躍欲試。可是方法學多了，一方面不能專心，二方面在整個次第的銜接上，也會有問題。所以很多人往往是：這方法學一學，那方法試一試，而無整體的架構與次第。

在這「六妙門」的課程中，我希望除了介紹不同的方法外，更能將不同層次的方法銜接好。譬如數息法要數到什麼層次，再改用隨息法。而隨息法也需用到什麼情況下，再改參禪或其他的方法。所以重點倒不在介紹方法而已。

其次，我所介紹的方法，也限於我比較熟悉的，尤其在修行上比較相應而受用的部分。至於對其他方法有興趣者，便只能另請高明了。

解門

學佛的兩大要門——

解門：從聞思中，建立正知見；行門：從修持中，契入印證。

我們都知道，學佛主要有兩大要門：一稱為解門，一稱為行門。首先講到解門，乃須從聞思中，建立正知見。雖有很多人非常熱中、精進於修行法門，不管是念佛還是禪坐，但念佛或禪坐，卻不是佛教最殊勝的法門。因為這些行門，印度外道也一樣在用。

佛教最殊勝之處，在於正知見。只有在正知見的基礎下修行，才是一位正法的修行人。甚至只有在正知見的基礎下受三皈依，才是一位正信的佛教徒。因為佛教與其他宗教最大不同處，在於世尊能從自心的「覺悟」中，而為眾生建立正知見。

故從聞思中，以建立正知見，這是解門的要務。然解門，在過去講課時已講得很多了，除非是相關的心要，才會再簡單重述。

行門

就中國佛教而言，行門簡分為：禪、淨、律、密。

本書是就禪法而言。

其次是行門，佛法不只要瞭解，更重要的，還要能體證。我們都知道：科學為什麼能日新月異地進步呢？因為它更重視實驗證明。光講一個道理，講得天花亂墜，還不成定論，除非能拿出實驗證明才行。

但科學的證明，是用儀器來證明的，甚至是在非常特殊的環境裡，才能實驗證明。而佛法的證明，是要透過我們的身心，去修行後才能有體驗。這體驗，反倒跟我們生命能連在一起，而在一切待人處世中都用得上，甚至順境、逆境都依舊能刻骨銘心。

在原始佛教時期，修行主要就是爲證得初果、二果、三果、四果。後來的佛教愈來愈宗教化，就變成像很多宗教一樣，偏重於信仰，而忽視於印證。這已跟眞正的佛法有蠻大的距離了。

就行門而言，在中國佛教歷史上有所謂大乘八宗，其中三論、唯識偏重於理論的說明，故一般行門是指禪、淨、律、密。這次主要是講禪法的修行，其他宗派的修法，不是這次的重點。

其次，就禪法而言，又分頓悟與漸修。

然而若無漸修的基礎，又從何而有頓悟呢？

禪法在中國，又分頓悟跟漸修。很多人都說：中國佛教的特色在禪法，而禪法的特色在於能夠頓悟。從歷史上來看，頓悟法門確實造就了很多高僧大德，但從另一方面來看，頓悟法門其實害慘了更多的人。爲什麼呢？因爲很多人一講到頓悟，就不願意落入漸修中！然若無漸修的基礎，這頓悟又從何而來呢？所以很多學頓悟法門的人，不是頓悟了，而是走火入魔去了。因爲既不從漸修下手，只是守株待兔期待頓悟，又對頓悟的定義含糊不解，故或喪心病狂，或被外力挾持，而產生一些群魔亂舞的現象。近代的印順法師對禪法也很不以爲然，因爲若不從漸修打基礎，就根本不可能頓悟。

再從世界性的佛教來看，雖然北傳佛教以頓悟禪法爲主，但是南傳佛教跟藏傳佛教，大致上都比較偏向於次第禪觀。因此放眼看目前的佛教，反而次第禪觀較流行。然如僅守於次第禪觀，卻沒有導向頓悟的可能性。

六妙門的修行要義，是希望能從漸修的基礎中，培養頓悟的可能性。這跟天台的說法，略有不同。

我覺得未來的佛教，會有一番的大整合，而整合後的結果，會是什麼呢？即得從漸修的基礎，導向頓悟的可能。這問題我在〈頓悟與漸修〉這篇文章中已略講到，這次會再更詳盡地發揮。因此六妙門——數、隨、止、觀、還、淨，本書講到「還」門時，還會介紹中國禪宗所謂

「參話頭」的法門。

這講法，跟天台宗的傳統，有很多差異。因爲天台宗智者大師所講的《六妙門》，還是以漸修爲主。這一點事先跟大家說明，免得到時覺得太唐突了。

我深信：將來的佛教一定會往這個方向整合，就是在漸修中，而導向頓悟的可能性。這樣就能把南傳、北傳、藏傳的優點結合起來，而成爲新時代的佛法，新時代的行門。

六門略說

前三門：數、隨、止，乃偏於修定；

後三門：觀、還、淨，則圓成於慧。

現在先對六妙門作概略的介紹。前面的數、隨、止三門，比較偏重於修定；後面的觀、還、淨三門，則較偏向於修慧。事實上，定慧本來就是相輔相成的，定能發慧，慧也能篤定。但於初下手處，則各有所偏向。

1
數息

道與乘

就道與乘的關係作比喻，慧學如地圖與方向盤。

我們就止觀法門的關係，簡單作比喻：常言「修道」，不管是解脫道或菩薩道，都稱之為「道」。道，即是到彼岸的路。怎麼到彼岸呢？以「乘」而到彼岸。乘，就是車子的意思，所以佛教有大乘、小乘之別。

於是再用道、乘的關係，來看定慧法門。慧學就像地圖跟方向盤，相信這一點大家都能明瞭。然修行上的道路，其實是無形的，所以面臨境界時，當如何抉擇，這便得靠我們的知見去判斷。故知見，即是確認目的地、方向和道路。因此就道乘而言，它相當於地圖與方向盤。

定學則如煞車與動力系統。

就消極意義而言，似乎只有止——只是煞車裝置；

就積極意義而言，乃能從專注而發揮更大的功效。

至於定學，一般人很容易將之比喻爲煞車系統，因爲是「止」嘛！但如沒有動力的話，就根本不用煞車！

很多人對於修定，只是消極地認爲把妄念停止。其實「修定」最重要的意義在於「專注」，專注之後才能發揮更大的心力，發揮更大的功效。譬如要思考，如果妄想很多而沒辦法專心思考，這思考就不能有好成果。甚至只是看書，有的人看書連第一頁都未看完，打妄想去了，那第二頁就不知道哪時候才會上眼！

因此修定，消極面是從消除妄念而能專注，積極面即從專注而能發揮更大的功效。因此修止，應比喻爲動力與煞車系統。故經典上有謂「制心一處，無事不辦」。這「無事不辦」，即是從具足更大的動力與發揮更大的功效而言。甚至在三十七道品有「四神足」，這也是從修定而能產生的神通力用。故「修定」不只是消極地不打妄想而已，應該從更積極的意義去看待它。否則很多人就會愈修行，愈什麼都不想動了。

從數息入門

修定的大原則，只是「制心一處」而已。

故法門可有無量無邊，今何以選擇從「數息」入門？

修定的大原則很簡單，就是「制心一處」而已。此所謂的「一處」，即是指專注的對象。專注在什麼對象呢？色、聲、香、味、觸、法都可以。譬如色塵——只是專心看一盞燈、一支蠟燭、一尊佛像等。聲塵——專心聽一種聲音，不管是風聲、雨聲、流水聲都可以。只要選定一個對象，且把心專注在那上面，就可修定了。因此六根、六塵都可以用來修定。在《楞嚴經》裡提到「二十五圓通」，都可入門。然在《六妙門》裡，何以選擇從「數息」入門呢？

數息法，能兼具調身、調息、調心的功能。

這是因數息法，能兼具調身、調息、調心的功能。在《小止觀》裡講到修習止觀，首先要調五事：就是調身、調息、調心，和調飲食與睡眠。調飲食與睡眠，是在生活中調的。至於調身、調息、調心，則用數息法即能兼而有之。所以從數息法入手，較直接而單純。

調身粗言之，即跏趺坐七要領；至於細微處，即是調脈。

至於怎麼調身呢？粗略言之，即所謂的「七支坐法」：包括腿怎樣盤？手怎麼放？頭怎麼擺？很多人在初級禪訓班時都已學過了，故這一部分不再詳細介紹。

比較細微的調身，就是要調理身體上的一些障礙。像做些瑜伽運動之類，能疏解一些身體上的障礙。至於更細微的調身，就是調脈。因脈的通塞又跟呼吸有關，所以在數息當下，就兼具調脈的功能。

調息，有風、喘、氣、息四相。

其次，調息，《小止觀》裡說息有四相：稱爲風、喘、氣、息。風相，是呼吸很粗糙，像一個人剛做完劇烈的運動後，呼吸一定會變得很粗糙，甚至呼呼作響。第二喘相，是呼吸不均勻，有時快，有時慢，有時又打結了；主要是因息道有障礙，所以呼吸不順暢。第三氣相，常態平穩的呼吸，稱爲氣相。第四息相，呼吸變得更細微、更均勻。

在數息時，就能注意到呼吸的狀況、呼吸的變化，因此數息法，即具有調息的功能。

調心，即不昏沈、不散亂。

最後講到調心，大家都知道，調心的大原則就是不昏沈、不散亂。若心離開數字了，就表示不是昏沈、就是散亂。因此用數字，即能檢查我們的心：是不是在昏沈與散亂中？以上，因數息法能兼具調身、調息、調心的功能，故在《六妙門》裡，選定從數息法入門。下面就比較詳細地介紹數息法。

初方便

先以跏趺坐，坐穩、放鬆。

首先是以跏趺坐坐穩，跏趺坐即是七支坐法。如何「坐穩」？有一點小訣竅：禪坐時坐在上下兩個蒲團上，於是臀部會稍高於膝蓋，因此身體會稍微向前傾斜，即垂直於臀部與膝蓋所形成的平面，而非垂直於地面。這樣坐起來，會比垂直於地面輕鬆。

接著，如果要坐穩，應使兩個膝蓋皆能平貼地面。有些人坐時，會有一隻腿翹得很高，因此就用毛巾或蒲團墊在下面，這不是好方法。若希望把膝蓋壓低，最簡單的方法就是把臀部墊高一點。等練習一段時間後，腳慢慢鬆軟而能觸地了，就可以將蒲團放低一點。

下面講「放鬆」，分為身體的放鬆與心理的放鬆。一般人在打坐時，比較會繃緊的部位，第一就是肩膀，會不知不覺地把肩膀拱起來。其次，如照前面所說，已把身體稍微往前傾斜，原則上小腹就不會繃緊。但有些人可能不知不覺中，又把小腹繃緊了。因此，要放鬆，即先檢查身體，看肩膀、小腹是否放鬆？

更重要的是心理要放鬆。有些人一準備上座，就有「欲一人與萬人敵」的承擔，於是怎能不緊張呢？也有些人因為「求好心切」而不自覺地緊張起來。

事實上，心理的放鬆比身體的放鬆更重要。因為心理不放鬆，身體絕放鬆不了。那心理怎麼放鬆呢？安於當下、心無所求，就能放鬆。不求修行能很快有成就，不求很快能消除妄想。

先求安於方法，安於練習，而非安於成就。

再注意鼻端，看守呼吸，順著自然的呼吸而數。

以數息法而言，在坐穩、放鬆之後，接著就是繫心於鼻端，且看著呼吸的進出。然後再順著「自然的呼吸」而數數字。

數息法的呼吸是自然的呼吸，而非刻意的呼吸。有些氣功法，是用腹部呼吸——就是作意用腹部的起伏而來呼吸，這是練氣功而非數息。當然練氣功也有它的功效，但卻不屬於修定的方法。爲什麼呢？因爲既是刻意呼吸，這「刻意」本身就是一大堆妄念！

因此要順著自然的呼吸來數數字，心才能定。有些人很奇怪，平常都在呼吸，然要數息了，卻找不到呼吸。這主要是因爲心理未放鬆的緣故。

數出即不數入，數入即不數出；數字從一至十。

我們呼吸雖有進有出，但數息時，若數出息，即不數入息；若數入息，即不數出息。不必進出都數。對一般人而言，建議數出息，因爲入息通常會比較短促，出息則比較長緩。當然，若你是入息比較長緩，而出息比較短促，那就數入息吧！

數息數字是從一到十。當氣從鼻端呼出時，就開始數一，一直數到氣吐完爲止。吸氣時，雖不數，但要把注意力觀照於吸氣的過程中。待第二口氣吐出來時，再數二，也數到氣吐完爲止。如此從第一口氣數一，第二口氣數二，一直到第十口氣數十。待十後，要記得再從一數起，不可數過頭。

爲什麼呢？如果數過頭，表示你已不注意了。這情況就像開車，剛學會開車時，開時既緊張又專注。但開熟之後，就可左顧右盼，甚至天南地北胡扯都無所謂，這便稱爲「機械式的用功」。雖還有模有樣，但已不再用心了。所以我們要留意：是否數到十了？若數到十，就得從一數起。

漸將注意力，全集中於數字上。

剛開始數息時，要先注意鼻端，看著呼吸，然後才數數字。待練習一段時間後，因一直注意在鼻端，所以反而不覺得它是鼻端了。只是看著呼吸，而來數數字——當然還是順著鼻端的呼吸而數，只是不再意識它是鼻端而已。

如此練習到最後，即可不再去分別呼吸的進出，自然就會順著呼吸而數數字。於是即可將注意力，全集中於數字上。既將注意力全集中於數字上，則早已忘掉身體的存在！故身體是否痛癢？便不再知覺。

其次，將注意力全集中於數字上時，這數字，從一到十，或者只是抽象的觀念，或者是數字的聲音：一、二、三、四……但不要將數字，變成數字的形象——1、2、3、4……或一、二、三、四……

就思考次第來看，我們是先有觀念，再有聲音，然後才發明文字。很多原住民雖有語言，但沒有文字，所以聲音還是比文字更內在些。最好是能單純地把注意力安放在數字的觀念上，其次是把注意力安放在數字的聲音上。

若數字丟了，或數過頭了，則從一數起。

剛才說：從一數到十。如果數丟了，譬如數到三時，卻打了一個大妄想。這一想，就歧路亡羊了！待發覺時，早已忘掉剛才數到什麼地方，這稱爲數丟了。或者數過頭，本應數到十就從一數起，結果不留意，竟數到十七、十八。只要發覺：已數丟了，或數過頭了，就馬上從一數起。

對妄想的態度

數息的方法，本質上是很簡單的，只是看著呼吸來數數字，進而能消除妄想雜念。然我們對妄想的態度，會大大地影響到數息的功夫。以下即講述對妄想的正確態度。

不怕念起，只怕覺遲。

首先說：不怕念起，只怕覺遲。對很多人而言，打妄想是很平常的事；現在雖欲數息修定，也不可能馬上沒有妄想。故對妄想的現起，應視爲平常。不應怕妄想起，或妄想一起就覺得被打敗了；而當怕醒覺遲。有的人妄想一打，就五分鐘、十分鐘不知當回頭；也有的人念頭閃動一下，就警覺到了。故當在意的是：「警覺性夠不夠靈敏」——是否在打妄想後，即能很快警覺到？即能很快回到方法？

其實打坐的訓練，我認為更重要的是：訓練我們對妄念的覺照能力，知道我是否在打妄想？知道我正在打什麼妄想？這比無妄想更重要。為什麼呢？因為在現實生活中，我們得面對各式各樣的境界，去認識、去抉擇。因此何能不打妄想呢？但若對我們所起的念頭，都能正知明瞭，才能用正知見去「迴向」。

那我們為什麼還要數數字呢？因為數字可以對照：「我們是否在打妄想？」，這情況就像坐火車，在車站時若兩邊火車都在動，則難分辨哪個火車動得快？然若有一火車確認是靜止的，則另一個火車是動或靜？便能很快分辨出來。用數息法，即比喻為靜止的火車，因此是否起妄念？便能很快察覺出來。

不壓抑妄想，不仇視妄想，也不累計妄想。

何謂不壓抑妄想？修定，當然希望能不打妄想，可是卻不能用壓抑的方式，而造成無妄想的假相。有的人把身體綳緊，是爲了不讓它產生妄想，可是這樣對身心卻變成更大的負擔。甚至坐到最後，身體竟僵住了。

何謂不仇視妄想？事實上，妄想是我們的好朋友，因爲我們從生下來到現在，天天都在打妄想，時時都在打妄想。而現在要禪坐了，卻來仇恨它；等一會下座了，又忙著去拉攏它。人實在是很矛盾！所以，雖不免有妄想，卻不能以仇視相對待。

至於何謂累計妄想呢？數息時，雖不愼打了一個妄想，但既然警覺到了，即回到方法，而不再管妄想的有無多少。但有人就會很在意：自己是否打了妄想？打了多少妄想？於是就把曾打過妄想的印象，累計下來。累計得愈多，愈會增加我們的負擔與壓力。曾有人告訴我：「在一支香中，我計算過，曾打了十三個妄想！」我說：「不只吧！你在累計妄想時，難道那就不是妄想嗎？」

過去者已逝，未來者不憂，當下者分明。

我們對妄想要保持著這樣的態度：一、過去者已逝，已經打過的妄想，即已過去了。不需要再去追憶：我打過什麼妄想？打過多少妄想？二、未來者不憂，還沒打的妄想，即不用緊張。而非一上座，就準備跟妄想作戰。三、當下者分明，對我們心念的起落要清楚分明。如覺照能力好，則念頭一動，即能覺知自己在起什麼念頭。

如對妄想的態度有偏差，則雖精進用功，也必難坐得安穩。爲什麼呢？因老覺得自己妄想很多，老覺得自己沒有進步。

一個人如果願意練習，絕不會因「妄想太多」而使不上力。妄想會很多嗎？我們再怎麼打，當下也只能打一個妄想而已！因過去者已逝，未來者不期。如當下發覺到妄想，就趕緊將它放下而回到方法。這會有什麼困難呢？可是很多人就因爲累計妄想、仇視妄想，而將自己搞得心煩意亂、狼狽不堪！

對妄想的觀照

妄想有大、有小。

如果我們對妄想檢點分類，妄想乃有大、有小。如於數息時，因打妄想而把數字搞丟了，再回頭卻已忘了剛才數到哪，只能從一數起；這即稱爲大妄想。至於小妄想，如數到三，雖打個妄想，但下面還知道繼續數四；這於數字間打的妄想，稱爲小妄想。簡單講：大妄想會把數字搞丟，小妄想則數字能連續。

妄想有粗、有細。

其次，妄想又有粗、有細。大妄想與小妄想，都屬粗妄想。至於細妄想是什麼呢？不作意而打的妄想，稱爲細妄想。

像有些時候，我們心理一放鬆，就有某些念頭浮現了；現是它自己現的，而非我動心去想的。有時在睡著之前，也會有細微的念頭，像游絲般地飄浮；當我們一注意到它時，它就消失了。甚至晚上作的夢，也算是細妄想——因會作什麼夢，不是我們動心去想的，而是它自己浮現的；甚至只要意識到，我現在正在作夢，就醒過來了，且醒過來後，那夢境就消失無蹤了。在修定的過程中，已把粗妄念慢慢消除後，細妄念才能覺照出來。

其次，我們對外界的知覺，其實也是細妄念。譬如聽到下雨聲；或覺得身體這邊癢、那邊痛，只是覺得痛癢，而不對痛癢作聯想和取捨，便是細妄念。甚至覺得我現在妄想比較少、心很定了，其實心還不定，因這還屬細妄念。只要離開方法，任何念頭都是妄念！

爲何須把妄念分得這麼清楚呢？因爲有很多人在打妄念時，還不覺得那是妄念。我常舉一個例子，有人問：「法師！當我已練到心很靜時，下面該怎麼再突破？」

我回答說：「如果你還有這個問題，即表示你心還不夠靜！所以唯有繼續用方法。」爲什麼會有這樣的問題呢？這表示他對妄念的覺知能力不夠，明明是妄念，卻不覺得那是妄念。粗妄念，大家還容易分辨出來；而細妄念，就有很多人渾然不覺。甚至說見到佛、見到菩薩，也都是妄念！

妄想有顯、有隱。

已經現行的妄想，則稱爲顯；還未現行的，則稱爲隱。以唯識學而言，第六識即是顯，至於第八識的種子，則稱爲隱。如以電腦作比喻，檔案既已開啓，即稱爲顯；至於存在硬碟裡的檔案，則是隱。

念頭，恰如浪頭。

一個大浪中，涵容著無數的小浪；而一小浪中，又隱含著無數的細浪。

對妄念作檢點分類後，再回顧平常說的「念頭」，便很有意思。念頭，就像浪頭。不管是海邊的浪，或河邊的浪，一個大浪中，涵容著無數的小浪；而一小浪中，又隱含著無數的細浪。從浪的角度去看，世間不可能有眞正的「風平浪靜」，只有大浪與小浪的區別，而不可能完全無浪。

同理，我們的心亦然。如經典言「阿伽陀識甚深細，一切種子如瀑流」，我們的心，也像一條河流，業識流、種子流、念頭流，皆前後不斷地在相續。若碰上境界的風，如何能不起浪呢？故從瀑流的橫切面看去，念頭其實大大小小、綿綿密密，非常多呢！而我們能察覺的，只是微乎其微而已！

修定的過程中，不要因急求定相而粉飾太平，那只是以自我暗示的方式，謂已心平念止！而應致力於察覺更細微的妄想。

我之所以這麼說，主要是強調：心不可能眞正得定。而很多人在修定的過程中，因希望很快入定，就會製造假相：我沒有妄念了。妄念總還會有的，只是你已不願意再去發覺更細微的妄念而已！只要還有心，就一定有念頭。但人總急著給自己一些鼓勵或安慰——我修行有進步，心已比較定了。

這即是爲急求定相而粉飾太平。因此對於修定，我的看法剛好相反，我們不要急著告訴自己已沒有妄念了，反而要去覺照更細微的妄念。能把大妄念檢點出來，篩掉；再去檢點小妄念，再把它篩掉；更去檢查看是否有更細微的妄念。如此能層層篩掉，心即能漸定了！

用「篩子」的比喻：若篩孔很大，則只能篩除較粗重的妄想。篩孔的大小，一方面與所用的方法有關，另方面也與個人觀照的能力有關。

我們且用「篩子」作比喻，一般人在用篩子過濾時，不可能一開始就用很小的篩子，而是先用粗的篩子，把粗的物品篩除。然後再用更細的篩孔，來篩除次粗的物品。這樣一次又一次地調整篩孔的大小，才有辦法把更細微的雜質全部篩除出來。也就是說，篩孔不是固定的。當我們的心愈來愈細時，警覺性和觀照能力都會愈來愈靈敏，故有能力檢點出更細微的妄念。

故為何選用數息法入門呢？因為數息法，本質上是「較小的篩孔」。呼吸，每個人生下來就會呼吸，所以不需要刻意去呼吸。數字，從一到十，我們也很熟悉，數一後，不需要刻意思惟，下面即會數二。

因此，最單純的方法即是最好的修定方法。因為每一種方法，本質上也都是妄念；如果方法很複雜，表示這篩孔很大，檢查不出更細微的妄念。而數息法，因為是最自然的、最不作意的，所以是最小的篩孔，而能檢查出更細微的妄念。

定力的培養，除專注於方法外，更重要的是不斷地去消除更細微的妄念。有些人雖用數息法，可是卻不用心去觀照更細微的妄念，所以小妄念還是檢查不出來。我們常說：「菩薩重因，凡夫重果。」重果，是希望很快地得到定相。而重因，當去篩除更細微的妄念。因為當細妄念不斷被剝除後，我們的心即能愈來愈定。

同樣用數息法，如果知見錯了，那再怎麼數，心也不可能眞定。甚至有人說：「法師，這方法我已不能用了！」爲何不能用呢？是懶得用，而非不能用。只要還有心、還有呼吸，如何不能用呢？

數息的層次

數息的層次，學過初級禪訓班的人都聽過，但我的解說有些不一樣。

一、雜亂而無主題

首先講第一個層次：在圖表上所畫線的部分，代表妄念。現在打一個妄想，爲一條線；等一下又打一個妄想，爲另一條線。且上個妄想與下個妄想間，可能完全沒關係，一下子想東，一下子想西。一般人還未禪坐前，經常都是這樣子。

二、主題時斷時續

直線代表方法；斜線代表妄念。方法連用一段時間後，卻打了大妄想，而將方法搞丟了。過一段時間後才警覺：我現在應數息，而不該打妄想，於是再回到方法。方法用一段時間後，又把方法搞丟了。像這樣，既不斷練方法，也不斷把方法搞丟而再回頭。剛開始練習的人，多是這樣子。

三、主題能延續十五分鐘以上

因不斷地用方法訓練——所謂訓練，除了把注意力放在方法上，還要提高警覺；故能在妄念一浮現，就馬上觀照到，而能回到方法上。因此，頂多是小妄念，而不會有大妄念。既是小妄念，方法還是可以延續下去。像這樣，方法能連用十五分鐘以上，即是第三層次。

四、主題大致能連續不斷

已更上層樓，但猶夾雜一些細妄念。

所謂細妄念，包括：知覺、感受、幻境、夢境，及未作意而現行的意識。

到第四個層次後，方法已不會掉了。但在數字之間，還會夾雜一些小妄念或細妄念。剛才說到，細妄念包括：對外界的知覺——知道刮風下雨，知道外面有人在講話；感受——覺得我現在身心愉快、氣血順暢，甚至說禪悅為食，也是感受而已，不要以為這境界有多高！知覺與感受，對一般人而言，以為是客觀存在的；但就禪修者而言，卻還是細妄念。

有時會有幻境，或看到什麼境界，或聽到什麼聲音。這幻境，除了跟過去的業識有關，也跟當下的身體狀況有關。譬如氣在眉心時，比較容易見光；氣在耳神經時，便容易幻聽到一些奇怪的聲音。所以如能細心反省，應能確認：到底是什麼身心狀況，而造成這樣的幻境？可是很多人就誤以為眞。

再下去稱爲夢境。夢境跟幻境有何不同?幻境,是還在當下的時空,只是多看到一些別人看不到的,多聽到一些別人未曾聽到的。而夢境,根本就已離開當下的時空,而到另一個世界去了。當禪坐到妄念很少時,即會念頭一出現,就變成夢境了!

在幻境當下,我們還能不理幻境,而繼續用功。然在夢境裡,連人在哪裡都不清不楚,更何況能繼續用功呢?除非我們的警覺性很高,才能很快警覺到:「咦!我怎麼跑到這裡來,我不是應該在數息嗎?」念頭一轉,就會很快回到現實的時空,而繼續用功。故警覺性愈高的人,便能愈快發覺它是夢。而警覺性低的人,夢了老半天,還不知道那是夢;甚至醒過來後,還以爲那是眞的。

未作意而現行的意識,剛才已解釋過了。所以很多人數息數到第四層次時,就很容易「得少爲足」。因爲這時常會有一些輕安、法喜的覺受。然這些覺受,其實還只是一些細妄念而已。

所謂「百尺竿頭,更進一步」,於第四層次後,當更努力以提升至第五、第六的層次。或如過去農禪寺的禪七,一個人若能數到第四層次以上,就可以準備參禪了。

五、三輪未空

三輪爲：我、方法、數字；根、塵、識；過去、現在、未來。
簡言之，能所未泯、前後際在。

第五層次是三條線，用佛法的解釋，就是三輪未空。雖已沒其他的妄念，但還知道：有我、在數息、現在數到三或四。這我、方法、數字，也是妄念，只是比前面所說的妄念更細微而已。

這三輪——我、方法、數字，也就是佛法所謂的「根、塵、識」。我是能用者，即根；所用的方法，即塵；而根塵和合，所生之識，即數字。這三條線，從另個角度來看，也可說是：過去、現在、未來。

當我們數到三時，印象中還記得剛才是數二，而概念上也知道下面當數四，於是就有過去、現在、未來。有人說：「當我數三時，四、五、六等，已在後面排隊了！」這即是有「未來相」。也有人說：「老是在數息，數得有點厭煩！」因「過去相」還在，才會覺得我老是在數息。如數息已數到只有當下的數字，而無過去、未來，就不會因覺得我老是在數息而厭煩。

因此這三條線，即是經典所說的「能所未泯、前後際在」。能所是指根和塵，前後則謂過去與未來。這既有時間相，也有空間相，表示我們還不能超越當下的時空範疇。事實上，一個人能數到只有三條線時，心已很定了，既無大妄念、小妄念，也無粗妄念、細妄念。但這三條線既然還在，即不可能進入定境。

六、一心境界

用而無意，無意而用；是忘我，而非無我。

無任何覺受，必出境後方得知，時間一划即過；而有妄念的時間，在感覺上卻似連續的。

再下去是一心境界。請注意到：在一心境界時，不是畫實線，而是畫虛線。爲什麼畫虛線呢？因爲在一心境界時，不會意識到「我在一心境界」。數息數到最後，能不數而數，數而不數；雖在用方法，卻不覺得在用方法，但數字還綿密地延續下去。這超越了能所、前後，即是一心境界。

一般人都活在對立的世界中：我是能知，境是所知。我們從小到大，很難脫離這種對立的狀態。然如用方法，用到一心境界，便可超越對立而進入「能所雙泯」的境界。這種境界雖已「忘我」，但還非「無我」。

有的人天生就有「定根」，雖不曾禪坐，看書也能看到忘我的境界——看得很專心，但不覺得我在看。這時有什麼覺受呢？什麼覺受也沒有！因爲如還有任何覺受，即表示非在一心的狀態。

必從那境界退下之後，我們才能覺知。而不會當下意識到：我已忘我了，我已入定了。既出境後才覺知，覺知什麼呢？也沒什麼可覺知的！只是時間很快就過去了。似乎剛上座不久，引磬就響了；甚至定力更深者，連引磬聲都聽不到。

問：「這和昏沈無記，有何差別？」答：「能進入一心境界者：一是從層次三、四、五，漸漸提升上去。二則出境時，方法不會掉，數字還在。至於昏沈無記則不然。」

我們當知：「沒有妄念的期間，並沒有時間的感受；而有妄念的期間，在感覺上卻是前後相續的。」這一點再仔細思考一下：既沒有妄念的期間，是不感覺其存在；而有妄念的期間，雖前後隔十分鐘才再打一個妄念，但在感覺上，這兩個妄念卻是連續打的。所以會驚訝：怎麼我上座，才打兩個妄念，竟一支香就過去了？

所以，有境界，便絕對不在定中。甚至只要還有境界，便能繼續用方法。而方法用到最後，不知不覺就與方法連成一體，而忘掉自己的存在，忘掉時間的存在，而進入一心境界。過一段時間後，因力量不夠，又回到「能所」。於是又以方法，再進入一心狀態。故功夫好的話，可只打幾個妄念，就一個早上過去了。當然更好的，可入定好幾天，這更高的境界就非我所知了。

七、無心境界

屬於證慧的境界。如經典曰「電光見道」，必在正知見的前提下修定，才可能「電光見道」。因爲頓悟的可能，未必要待一心境界之後。

最後，在我師父的書上講到：第七層次爲無心境界。然無心境界是證慧，而非修定。所以，只用數息法，能否成就無心的境界呢？就一般未學佛的人而言，是不可能的。

而學佛者，因先前曾聽聞佛法，在第八識中已熏習佛法知見的種子。於是因數息所修的定力，跟八識中正知見的種子，在某特殊的因緣中結合了，就能產生見道的體驗。這體驗，也是屬於頓悟的，故經典上稱之爲「電光見道」。而外道因知見有問題，故雖能入更深的定，卻不可能見道。

師父把無心境界，標在一心之後，就佛法的層次是沒有錯；因爲一心只是定境，而無心才屬慧證。但事實上，未必要進入一心之後，才有電光見道的可能。善根具足，也許在第四、第五層次時，就可能在瞬間產生見性的體驗。這也是中國禪宗後來不太重視修定的原因。

關卡與逆障

下面要處理的就是關卡。在以上的層次裡，就我自修的經驗，或別人的歷程中，歸納會有好幾道關卡。這些關卡如過不了，就可能永遠逗留在第三或第四的層次。因此接著更重要的是：認知與突破這些關卡、逆障。

一、求好心切，用心過度

緊張而不能放鬆，甚至會有呼吸錯亂的現象。

很多人學了很久，竟還不會數息！為什麼呢？因為他們一要數息，呼吸就亂掉。平日呼吸都還正常，為何一數息就亂了呢？可能是「用心過度」而失常。

這情況恰似我們每天都在走路，也不覺得走得好或不好。但如有個人拿著攝影機要為你錄影，你走起來就覺得怪怪的，左腳彆彆的，右腳扭扭的。為什麼呢？因用心過度。

用心過度，講白一點就是因為求好心切而不能放鬆。有的人甚至錯亂到，必作意才能呼吸。而既屬作意，心即不可能定。

二、妄想紛飛，使不上力

其實我們從來就是妄想紛飛的，但未用方法之前，雖妄想紛飛也不覺得。而現在用方法了，才覺得自己妄想很多。所以事實上，這是進步而非退步。可是有的人，就因求好心切，或如剛才所說的「累計妄想」，故一直覺得自己妄想紛飛，而使不上力。

三、昏沈無記

有的人用功一段時間後，因妄想愈來愈少了，就容易墮入昏沈無記中。也有可能因脈障現行了，而墮入昏沈無記中。

四、腿痛、腰痠

這腿痛、腰痠等現象，是大家很熟悉的。

五、幻境迷離

當妄想愈來愈細時，更能體驗到「心如工巧畫師」。我們平日因妄想打多了，所以每個妄想相對地都沒有力量。然當我們禪坐，練到心很細，妄想很少時，每個妄想都能獨占鰲頭，所以妄想一打就會變成境界出現。這即是前面所謂的「幻境與夢境」。

若仔細回顧，事實上是先打妄想，才變成境界出現的。可是因爲妄想很細，且是非作意的，所以有的人就會把境界當成眞的。尤其是自己一向貪愛或恐懼的境界出現時，根本來不及反省，就愛上它或被它嚇壞了。

六、細妄想，尾大不掉

很多人禪坐，練很久了，心雖能定一些，但妄想總多少還有一點。就剛才所說數息的層次，是屬第四個層次：方法雖能連續不斷，但還夾雜一些細妄念。

很多人即使打過一次禪七、兩次禪七，但能數到第四層次以上的，其實不多。在農禪寺以前要數到第四層次以上，才夠資格參話頭。所以很多人打禪七，其實只是數七而已！因此，要如何消除細妄想，以提升到第五層次以上，這是一個關鍵的問題。

七、三輪不空，前後際在，而不能進入一心境界

最後的關卡，就是三輪不空、前後際在。也就是數來數去，還清楚知道有三條線。

以上是講到關卡，下面再看如何對治？

對治降伏

一、身心放鬆，遊戲自在

先靜觀呼吸的進出，待平穩後再數。

第一關卡的求好心切、用心過度，怎麼對治呢？身心放鬆、遊戲自在也。既因求好心切，而給自己很大的壓力，當先得放鬆身心。在放鬆身心中，身體的放鬆，其實還是比較簡單的。至於心理要怎麼放鬆呢？「無所求」而已！

問：「既無所求，爲何還要打坐呢？」

答：「類似遊戲而已！」如把修行當做非常神聖、莊嚴的事來看待，就無法放鬆。既然修行是「放下執著」，何以一修行，就又執著要有成就呢？執著心一起，則過去的業障未消，現在的苦難又多一重了。

所以，一般人很難拿捏到中道的態度：要嘛就不修行，苟且逸樂；要嘛就太愼重莊嚴，而增加自己很大的負擔。中道的態度，是像遊戲一般，雖不執著會有什麼成果，但當下還是很認眞去演練。故雖努力，而無壓力。

其次，對於一要數息呼吸就亂掉的人，建議：先觀而不數。且作個比喻：如貓一直守在洞口，老鼠哪敢出來呢？聰明的貓會稍躲遠一點，老鼠才敢出來。所以「先觀而不數」，就像貓要離洞口遠一點，老鼠才能放心地進進出出。而待呼吸平順了再來數，就比較不會再亂掉了。

二、不累計妄想，不仇視妄想

過去者已逝，未來者不憂，當下者提高警覺；

不粗暴、不氣餒——功不唐捐。

其實我們並不會因妄想紛飛而使不上力。妄想，過去的已經過去了，未來的不用急著和它對抗，而當下的提高警覺，故妄念一動便能馬上警覺而回到方法。像這樣，雖有妄想卻不會造成壓力。是因累計妄想、仇視妄想，才讓自己錯以爲使不上力。

修行，要「用心」，而非使蠻勁。很多人修行時，不會用心在檢點自己身心的狀況，不會用心於調伏對治；而只是粗暴地、急切地希望自己能很快上路。其實愈想進步，愈容易受到挫折、氣餒！

在修行的路上，我們要肯定必然「功不唐捐」。只要用心耕耘，就一定會有好的收穫。雖然打坐時，妄想還是很多，但總比不坐還好一點。雖然每一支香都沒有明顯的突破，但日積月累坐個三個月、五個月下來，體質和人格一定會有相當的改變。在短時間求急效，反而會讓自己沒信心。也不要爲了急求進步的假相而誤入邪道。因爲邪道之迷人，乃是方便製造一些假相，而讓自己一廂情願地以爲已得力了，其實根本早就走偏了。

因此對於妄想紛飛而使不上力者，我認爲：其實人不可能因妄想太多而無法用功，反而是爲求好心切而無法用功。

三、提高意願與道心

雖昏沈用不上力，也不放腿下座。

對於昏沈無記的對治，首先就是提高意願與道心。因為如果意願很高，正興致勃勃地，怎可能昏沈無記呢？世間事也是這樣，有興趣的事，三天三夜也不覺得累；沒興趣的事，五分鐘、十分鐘就苦不堪言。所以昏沈無記，很多時候是因我們對禪坐的意願不高！表面上都想修行，然到底應如何修？其實也不清楚。於是都只跟著囫圇吞棗、裝模作樣而已！經一段時間後，嚼不出什麼滋味，意願就愈來愈弱而打瞌睡。所以提高意願與道心，是最基本的對治。

過去在禪堂用功，師父常要我們「發願再上座」。然當發什麼願呢？若發「要成佛、度眾生」的願，或「不成正覺，誓不起座」的願，乃大而無當。因為你根本不知道，如何才能成佛、度眾生。但若發願：我數息要從第四個層次，提升到第五、第六的層次。這樣我們在用方法的當下，就會有比較高的警覺心，而不致昏沈無記。

有時候，昏沈無記也跟脈障現形有關。雖然提高意願、道心，還是不免於昏沈。此時雖用不上方法，但我還是建議：不要放腿下座。因為脈障若熬過了，便又精神奕奕而可好好用方法了。如果因脈障現形，而昏沈、而用不上方法，就下座經行或拜佛。經行、拜佛當然不會打瞌睡，可是脈障的問題，並沒有解決。下次再上座時，同樣的狀況又會復發。

四、從「觀受是苦」而接受它

是腿痛，而非我痛；從痛苦到痛快！

我們從學佛以來，對「觀受是苦」的教訓，都耳熟能詳。但在面對痠痛時，總還期待：最好不要來，或早點過去。然「痛與苦」，雖常連結，而稱爲「痛苦」。但實際上，痛卻未必得苦。何以故？所謂「苦」，是因「求不得」才苦。我們在痛時，心想避免又避免不了，這才會因求不得而苦；如果痛時，心雖清楚它在痛，而不求避免，就不會因求不得而苦了。

若求著：「能否教我一種方法，能讓我很快不痛？」或問：「要到什麼時候，才能不痛呢？」這樣的祈求，本質上就是錯的。所以不要求不痛，而是求我能接受它、能面對它。因爲若能坦然地接受它、面對它，就已不苦了。

然後再進一步確認：痛是腿痛、是腰痛，是局部的痛，而非「我」痛。一般人若確認：那只是局部的痛，便還可忍受。反之，若覺得是「我」在痛，便身體與心理都痛成一團了！

所以我們可用「觀痛」的心態，進一步分析：痛的部位、痛的感覺。不要只模模糊糊地說

「我在痛」，而是要確認是「腿痛」。而腿的話，是大腿，還是小腿痛呢？如是小腿，又是小腿的哪根筋、哪塊肉痛呢？這有點像西醫的解剖學，慢慢剖析出有問題的部位。

其次，痛又是什麼感覺呢？能否更詳細、確實地形容它呢？未必！因爲很多人的「怕痛」，跟「怕鬼」類似——連個鬼也沒看過，就怕得要死。痛，未詳細地覺知，就急著求免。

當我們用「觀痛」的心態，進一步分析它時，它雖還在痛，可是已不覺得是我在痛。因爲此時，我們已將痛當成另一個對象來看。當我們很專心分析它時，便不再對立、矛盾，而能「痛而不苦」了。

最後，如果我們能夠堅持地坐下去，一般來說這痛會消失的。何以故？因痛，是脈障現形！脈障若坐久氣足了，就會慢慢疏解而變成「痛快」！

五、佛來佛斬，魔來魔斬

離開方法，即是逆障。

第五講到幻境迷離的對治。很多人禪坐時，會以身心輕安、光音無限，或見到佛菩薩等而爲瑞相。其實不管就修定還是參禪而言，只要離開方法，就是魔障。所以禪宗說：「佛來佛斬，魔來魔斬！」

因此，我對於「漸修禪觀」有很多不以爲然之處。因爲用功之前，就把層次和覺受標示得那麼明確，在覺受上下功夫，便已經是錯的。更何況這些覺受都很容易用「自我暗示」的方式，而造成假相。

眞用功時，並不需要很仔細去分辨：我現在是在什麼層次？因爲只要檢查出心還有妄想，就回到方法；只要發現心還有覺受，就把覺受放下。這既是最簡單的方法，也是最安全、最快速直接的方法。

故能勘破任何境界都可能成魔，便能保證你禪坐不會有任何問題。因此，一般所謂的「道高一尺，魔高一丈」，只因正知見不足而已！著魔，是因執著境界，所以成魔。至於眞正的天魔，還看不上我們這些初修行人呢！

六、用心平等，呼吸間皆觀照

很多人數息練一段時間後，雖粗妄念沒有了，但細妄念總是尾大不掉。過去我打七時，也曾拘泥在此情況。後來仔細檢點，發現是「用心不平等」之故。因爲我們在氣剛吐出來時，就開始數數字，於是注意力也相對地提高了。而待氣慢慢吐完時，注意力也就跟著衰退了。等第二口氣又吐出來時，警覺性又再提高！於是心力的起伏，竟像波浪一般。故在氣剛吐出來時，是不會打妄念的。但氣漸吐完時，或在吸氣間，因警覺力不夠，便會產生一些細妄念。

如何排除這些細妄念呢？「用心平等」而已。既然剛吐氣時，會保持注意力，在氣漸吐完、轉爲吸氣時，就仍保持著同等的注意力，而不要鬆懈。雖只有零點幾秒的時間，但已可打好幾個妄想了。

若每一次呼吸之間都保持同等的注意力，便沒有間隙可打妄想了。過去禪七時，我因此而能把細妄念排除乾淨，而得以提升至第五、第六個層次。

七、不分別前後，不對立能所

細妄念去除後，即會進入第五層次，也就是「三條線」的境界。在此層次，既有「我跟方法」的對立，也有「過去和未來」的分別。只有更單純而專注地用方法，而不使產生「我在用方法」的妄念。

同樣就時間而言，數到三時，也只專注於三，而不要連想到前面是二、後面是四。如此就能消除「能所的對立」及「前後的界限」，而進入一心的境界中。

小結

只要善加對治，單用數息法即能入定。

以上關卡的對治，比瞭解七個層次還重要。因爲若碰到關卡而過不去，可能三、四年都還在原地打轉！即使對七個層次耳熟能詳，也只是說食數寶而已！若知自己在什麼層次，也能對每個關卡作出有效的對治，則單用數息法，原則上都可數到入定、忘我的境界。但事實上，眞成就者卻不多。爲什麼呢？因爲既對妄念的觀照不夠仔細，又無法有效地對治消除。

其實，所有修定方法的層次和關卡，大同小異。如果一種方法用得好，其他方法也不難上路。反之，若某方法用一段時間後，因碰到障礙就換另一種方法，剛開始換時，雖還覺得容易上道，但過一段時間後又一樣會碰到關卡。所以即使是修定的方法，也可說是「一通則百通」、「一不通則百不通」。

動靜得宜

調身運動的時機：朝起，禪坐之前；而晚間禪坐，就無那麼必要。

脈障顯現時：悶脹、緊迫、痠痲、疼痛、振動。生病，也只因脈有障礙。

或問：「除盤腿打坐外，是否須配合一些運動呢？」這問題前面已說到，所謂調身，包括調脈。當身體有障礙時，若能透過一些運動，來調伏這些障礙對禪坐也有助益。

譬如有些人習慣在早上禪坐，清晨睡醒、簡單盥洗後，就去禪坐。然而睡了一夜，身上的關節比較緊，若做些簡單的運動，將關節鬆軟後，再去禪坐，更容易上路。反之，如晚上才禪坐，就沒必要做運動。因爲一天下來，已動得很多了，筋骨已不像早上那麼緊。事實上，運動做多了，反而會散氣。

剛才說到，身體有脈障出現時，可做些運動加以對治。關於脈障，之後會講得更詳細些。脈障顯現時，身體某些部位，會覺得悶脹、繃緊、痠痲、刺痛，怎麼努力也無法放鬆。甚至有的人，身還會震，頭也會抖，怪象不一而足。

至於所謂的生病，依我個人禪坐的經驗而言，也只是因爲脈道有障礙，才會生病。因爲有脈障，所以眼睛無法發揮正常的功能，便說眼有病；因爲有脈障，所以肝變形了，便說肝有病。這些說來，就很專業了。

若脈障顯現了，當做什麼運動？

不同的穴位，對應有不同的運動。瑜伽的本意，即對應於脈穴。

故當做什麼運動，是相當專業的學問，就像不同的病，當配不同的藥一般。

既然運動能幫助我們消除脈障，不同的脈障，就應配合不同的運動。比如若背部有脈障，要做對消除背部脈障有效的運動，而非全身都做，更非胡亂地做。若全身都做，或胡亂地做，反而會因「散氣」而衍生更多的脈障。

「瑜伽」的本意，即是對應。如何對應呢？特定的脈穴，即對應有專屬的運動；而專屬的運動，即能對治特種的病。再講下去，就很專業了！就像不同的病，要配不同的藥。藥既非全得吃，也非胡亂吃，而是應該「精準」地服用。

而現代的瑜伽老師，大都既不知此運動能治什麼病，也不管你有沒有病。反正所有學生，都千篇一律做著同樣的動作才好管理。所以說到最後，也不過是一群羔羊而已！

不做運動，單以靜坐法，脈障也會慢慢疏通的。

將疏通時，或許會感應出對應的動作。

現代有很多人對運動很有興趣，對教運動者抱以很大的期待。但在這課程裡，我不可能教很多運動。因爲我沒有那麼專業，而且這得花非常多的時間。但就我的經驗來說，雖不做運動，也有辦法排除脈障的，只是時間要稍長一點。因爲禪坐久了，待氣養足，就能慢慢疏通。甚至待氣將通過脈障時，還會做出匹配的運動。不是作意要自己這麼做，而是到時候它就自己動了。所以禪坐至今，我不得不承認：「我們的身體，其實比心智還敏感！」它自己會調整的，不用你擔心，更不期待你來干涉。

也就是說：如果有一位很高明的瑜伽老師教，那不妨跟他學、跟他做。反之，若只能千篇一律地裝模作樣，還是不學也罷！否則，必將得不償失。

結論：對於運動，既不迷信，也不排斥；

有用則多做，無用則存疑，功夫純熟了，不做也無所謂。

所以我對運動的看法是：既不迷信它有多重要，也不排斥它一無所取。因爲有效沒效，要靠驗證！怎麼驗證呢？譬如現在胸悶，如果做運動後，胸悶得以改善，則這運動對胸悶有用，至於非胸悶者，就未必有用。既然禪坐的過程中，身體脈障的現形，各階段不同，故非可一套運動做到底。

如只是單純地禪坐，而不做運動，我認爲也沒什麼大問題。因爲坐到最後氣養足了，脈障自然就能通。就禪法而言，運動本是輔助，而非主課。然在目前的禪法中，運動的比例愈來愈高，而有喧賓奪主之勢。說穿了，也不過是因爲眾生的根器不利，坐久了，或腰痠背痛，或昏沈無記。

倒是動禪既輕鬆，又清明。但就更細微的調心，與更深處的脈障而言，用動的方式是無法去對治消除的，這在「於隨息中調脈」單元，會說得更仔細。

2
隨息

首先講到「隨」的基本定義，「隨」本是有很多對象可隨的，但這次所講的重點，在於「隨息」。

從數到隨

隨的用法：只是看守著呼吸的進出變化，而不去數它。

隨法的時機：用數息一段時間後，妄念漸少時。

在用數息法時，我們一方面看著呼吸的進出，一方面隨著呼吸的進出而數數字，從一到十。但若用隨息法時，則只是看著呼吸的進出，而不再數數字。

那數息當數到什麼狀況，才能改用隨息法呢？

1. 在數一段時間後，若妄念比較少了，就可以改用隨息法。

2. 有些人數息一段時間後，呼吸會變得很微細，甚至覺得若有若無。這時要再數息，就有點困難，甚至要作意呼吸才能數息，這樣心反而變粗了。所以這時就應改用隨息法，只是看著呼吸的進出、變化。

隨息法，類似經典上所講的「安那般那」，但現在我所要講的隨息，還包括與呼吸、氣脈有關的變化。

隨的方法跟「默照」有點類似，只是看著它，知道有這回事而已。但默照的對象比較廣泛，六根所對皆可默照。而隨息法，卻只默照跟呼吸有關的範疇。

數息法與隨息法的比較

數息法較緊，故妄念較少；隨息法較寬鬆，故妄念較多。如篩子的比喻。

就方法而言，數息法比較緊。所謂的緊，是因方法很單純，只是順著呼吸而數數字，用到最後，心只是專注於當下的數字。因用心很單純，所以心能更專注。但很多人卻因欲數息，而容易形成「控制呼吸」的現象。於是，心情無法放鬆，身體也無法放鬆，練久了，甚至會頭悶胸痛。

而隨息法則剛好相反，雖身心比較寬鬆，但心也較不能專注。前面講到「妄念的層次」時，已講到：覺知身體的存在，覺知呼吸的進出、變化，其實都是妄念，而且這些妄念是比「數數字」還大的妄念。用篩子的比喻，隨息法因篩孔較大，因此能檢查出來的妄念比較少，感覺較寬鬆，但還是有較微細的妄念。故要等數息法用到妄念較微細時，再改用隨息法才適宜。

隨息法因較寬鬆，故身心較安然自在，如以數息法，數到較高層次時，身心也是安然自在的。

用隨息法，因爲身心比較沒有壓力，所以較能持久。然數息法，若能數到較高層次時，身心也是可以輕鬆自在的。因爲若能數到忘身、忘我了，哪還有身心的壓力呢？所以有些人是不需要改換隨息法的，可用數息法直數到底，直數到入定。碰到關卡時，如果有辦法調理，便可用數息法直接數到入定。

故要以數息法直數到底，以至於入定，或數一段時間後再轉爲隨息法，各自斟酌。在《六妙門》中，雖是由數到隨，可是改不改，甚至什麼狀況改，都是看個人自行斟酌。

甚至有些人我們還建議他：先用隨息吧！因爲他若直接數息，就會變成控制呼吸。所以要他先放鬆，只看著呼吸的變化，而不數息。待覺得順心自然了，再來數。或者隨息一段時間後，發覺妄念變多了，再改回數息法。所以要數、要隨，由個人臨場斟酌，非有一定的次第。

息的變化

在隨息法中，可察覺到氣息的變化。

不管用數息法——因爲總是要先看著呼吸才能數數字，還是隨息法——本身就是看著呼吸的變化，在看的過程中，我們會察覺到呼吸有幾種變化：

變長。

一般人的呼吸大概是一分鐘十五—十八次之間，也就是一次平均是四秒左右。而在禪修時，呼吸原則上會變得比較長，也就是變成五秒一次、六秒一次、八秒一次，即每次間隔的時間會變長。

變細：風、喘、氣、息。

其次是變細，之前已說過有風、喘、氣、息四相。風，是呼吸很粗重，像一個人剛做完激烈的運動，他的呼吸一定很粗重，像颱風一樣。喘，是指呼吸不均勻，有時快有時慢，那是因爲有障礙，所以才不均勻。氣，即一般人正常的呼吸，雖有點聲音，但非粗重。至於息，比較細微，甚至若有若無。其實健康的人，呼吸應該是比較細的。

變深：胸息、腹息、胎息、龜息。

首先講到「胸息」。一般成年人的呼吸，多以胸部的起伏而形成呼吸進出的現象，這稱爲胸息。

其次「腹息」。我們看小孩子，尤其是剛出生不久的嬰兒，是以腹部的上下起伏而呼吸，稱爲腹息。當年紀愈大，氣息愈淺，即變成胸息。

接著「胎息」，就是用皮膚呼吸。事實上，每個人除了用鼻孔呼吸外，多少還會用皮膚呼吸的。只是一般人用皮膚呼吸的百分比，可能只有5%—10%左右。慢慢練習禪坐後，皮膚呼吸的比例就會慢慢增加。至於到什麼狀況，才能完全不用鼻端呼吸呢？如經典所言：「四禪以上，止出入息。」然止出入息，是完全不呼吸，或只是不用鼻端呼吸呢？這我不確定。但大致來說，氣脈愈通，用皮膚呼吸的比例就會愈來愈高，而用鼻端呼吸的比例則會愈來愈低。

最後一種稱爲「龜息」，其實就是沒有呼吸——沒有外在的呼吸。這種情況我們用太空船作比喻：太空船到太空後，因太空中沒有空氣，故只能靠太空艙內已存備的空氣作爲新陳代謝之用。如果新陳代謝快，消耗多，就必須趕快返回地球。

又如有些動物冬眠時，何以能不再進食？因在冬眠前，已把身體養得胖胖的，而儲備了很多能量，因此在極微的新陳代謝中，能捱過一個冬天。聽說如果儲存的能量不夠，則在將耗盡前，會半途醒過來。醒過來，趕快去找食物吃，吃夠了繼續冬眠；若找不到，大概就死定了。

同樣，一個人禪坐到心很定時，身體內既已儲存相當多的氧氣，又因新陳代謝緩慢，因此短時間可不用呼吸。原則上，在內息耗盡之前，一定會出定呼吸的。所以入定時間的長短，與新陳代謝的速率成反比。新陳代謝的速率快，入定的時間短；新陳代謝的速率慢，入定的時間長。

老年時爲喉息，若吸不了時，便去世了。

從胸息到腹息，到胎息，到龜息，呼吸愈來愈深，也愈來愈細，乃至於龜息時，就根本沒呼吸了。反之，年老了則愈吸愈淺，以至於淪爲「喉息」，若還吸不了時，就死了。

這種腹息、胎息、龜息的觀念，跟西醫的健康觀念相當不一樣。西醫常建議我們要「深呼吸」，事實上，深呼吸在我們看來，只是較淺的胸息而已！甚至就中醫的把脈而言，腹息、胎息、龜息的脈也比較細沈。細沈的脈，健康很差嗎？就氣功而言，反而因爲脈通，呼吸才能比較細，脈才能比較沈，所以其實是更健康。

息與脈

息的深淺，對應於脈的通塞。故脈漸順通，息即漸深長。

人老病多，脈即漸淤塞淺短。

息的變化與脈的通塞是有關係的，如果脈愈來愈通，息就會愈來愈深，愈來愈細。因此一個人如單純地禪修，而不刻意用氣功的導引方法，就可以使脈愈來愈順暢，呼吸愈來愈深細。

一般而言，人年紀愈大，脈就會愈淤塞、愈浮淺。所以當人能以禪修，而將已淤塞的脈慢慢調理、疏通，理論上是可以返老還童，甚至青春永駐。但至目前為止，卻還未有這樣的案例。但就統計學而言，禪修者的平均壽命還是比一般人長。像民國初年的虛雲老和尚就活了一百二十歲，趙州禪師也活到一百二十歲。禪修者的長壽，既與調心有關——心寬體健，同時也與身體的脈較通暢有關。

這裡講的隨息，會講到比較多有關氣息與脈障的關係，下面繼續看。

養氣以調脈

氣非只是呼吸而已。氣分三種：气、氣、炁。無形的火，即是能量。

在中醫上常說：「這個人氣不足。」而氣不足，是否多做幾個深呼吸，就能解決呢？未必！因為中醫所謂的「氣」，並非只是呼吸而已。

氣，其實有三種：

1. 气，有點像空氣在流動，這即是一般說的空氣。

2. 於气裡再加個米字，米字就像是拿來當飯吃，以現在的講法即是指氧氣。因爲我們呼吸，眞要吸的就只是氧氣！故於气裡，加個米字以會意。

3. 炁，於旡——古的「無」字，下面加個火，即是指無形、無相的火。用現在的說法，即是指能量。

故氣不足，是指能量不夠。氣不足，既跑得不夠快，也不能做太粗重的工作。所以能量不足的窘況，也非多呼吸幾下就能解決的。

能量從哪裡來？飲食加上氧氣，即化合成能量。

能量有很多不同的形式：熱能、動能、電能、位能。

下面進一步探討：氣爲什麼不足呢？首先要問：能量從哪裡來？用現在的觀點：一方面要飲食，食物的精微經過腸胃消化吸收後，輸送到全身；二方面再加上肺所吸進去的氧。這兩者在體內形成化學作用，或稱為氧化作用、燃燒作用，才會產生能量。而能量，用現在的解碼方式，還有很多不同的形式。

熱能：我們的體溫都比周圍的環境高，所以時時刻刻都在散熱，夏天散得少，冬天散得多。故熱能得不斷地補給，才能保持體溫。

動能：我們全身時時在動，外面要動，裡面也要動。外面，手要揮舞、操作，腳要支撐、走路，眼睛要看、耳朵要聽、嘴巴要說話等。裡面，心臟要跳、鼻子要呼吸、血液要循環。所以就算只靜靜坐在那裡，也還在消耗動能。

電能：我們身上有很多神經，用來傳達內外的訊息。而神經的作用，跟電能很類似，故能傳遞很多不同形式的訊息，如聲音、影像、視訊等。

位能：是指身上的脂肪，用以儲存短時間不用的能量。待需要時，再分解成我們需要的能量。因不同形式的能量，需要不同的管路來輸送，因此又形成不同的「脈路」。

氣與脈

氣，包括呼吸、飲食的精微、轉化成的能量。中醫謂之為：氣、血、營、衛。

氣，包括呼吸——主要指氧氣。飲食的精微——指已吸收的；有些人雖吃得很多，但還是瘦巴巴的，因爲腸胃不吸收，所以已吸收的才算飲食的精微。最後這兩者還要經過化學作用，以轉成能量，而讓我們氣足。

在整個過程中，還牽涉到「脈路」的問題。如果脈障很多，或氣吸得不夠多，或飲食無法消化吸收，或吸收後無法迅速地輸送到需要的部位，都會有氣不足的現象。比如跑步，若氣不足，或跑不快，或跑不遠。所以這裡面所牽涉到的機制，是蠻多的。

故中醫有所謂「氣、血、營、衛」。氣是指呼吸的氧氣；血是指飲食的精微——首先變成汁，汁再變成血；營是輸送到全身各處；衛則產生能量。因具有能量，得以保持體溫和發揮免疫功能。

脈，即傳送氣、血的通道。

故所謂的氣脈，包括神經、血管、筋腱、骨髓、關節液，以及內分泌。

脈，是指傳送氣、血、營、衛的通道。因此雖名爲氣脈，卻非只是輸送空氣而已。實際上，包括神經——類似電能的作用。血管——輸送氧和血。筋腱——手能揮舞操作、腳能支撐走路，都是靠筋腱去操控的。骨髓——骨髓裡也有氣脈，目前多說「骨質疏鬆」是因缺少鈣質，我不太相信這套理論。我認爲骨質疏鬆主要爲氣無法深入脈中，因此裡面是乾的，跟棉絮一樣，當然就疏鬆了。關節液——在骨頭與骨頭間有許多潤滑液。以及內分泌——從頭的松果腺，直到喉嚨、胸部、腰部和生殖腺的內分泌，都包括在內。

現在西醫對中醫所講的氣脈，也很有興趣，故曾對「穴位」做解剖。結果發現有些穴位是屬於神經叢，有些穴位是血管的交接處，有些穴位是筋腱的連結處，所以並非只是單純的神經或血管而已。

就以一個小拇指而言，裡面有多少脈呢？神經的脈、血管的脈、筋腱的脈、骨髓的脈都有。也非只是「手太陽、手少陰」而已。

五臟配五脈

心配神經，肺配呼吸，心包、脾配血管，肝配筋腱，腎配骨髓、內分泌。

中醫裡，習慣用「陰陽五行」來配合氣脈。心是配神經系統，但這心卻非心臟的心，而是大腦的心。中醫所謂的心，有君臣之別，君是指大腦，臣才是心臟，也就是心包。肺配對呼吸系統。心包跟脾共成一組，而配對著消化與循環系統。因爲我們腸胃所吸收的營養，先輸送到心臟，再從心臟經血管而輸送到全身各處。肝配對筋腱，即運動系統。最後腎配對骨髓和內分泌。且這腎，還不是西醫所說用來泌尿的腎。泌尿系統應該是與心包、脾同一系統，因爲循環包括了泌尿。

故中醫所謂的腎，是指跟骨髓、內分泌有關的功能。一般認爲：如淫欲過度，會腎虧。腎虧不是指泌尿系統有問題，而是脊椎無力、腦筋不靈光。因爲腦、髓、脊椎、生殖，同歸於腎。腎又包括內分泌，從頭頂的松果腺、腦垂體……一直到生殖腺等，都包括在內。

五臟就陰陽來說，心屬至陽，腎乃至陰。因此，雖都名爲氣脈，屬性、功能和覺受，卻大不同。就覺受而言，愈陽者愈容易通，如神經傳送的速度非常快，被人一打，訊息馬上傳到大腦，而知道被人打了。愈陰者愈不容易通，如內分泌和骨髓的傳送速度就很慢，不容易打通。

因此一般人於禪修後，開始調理氣脈，也是順著「先陽後陰」的次第調理：先調理神經系統，再調理呼吸系統，再調理循環系統。

以上大致已把氣和脈作個簡單的介紹，然後下面才能談：爲何禪修能幫我們調理氣脈？

靜坐以養氣

養氣，因減少能量的消耗而能漸漸積蓄。

就禪修而言，所謂「養氣」，並非得刻意去做什麼才能養氣；反而是什麼都不做，而能養氣。何以故？

因我們平常雖不斷在生產能量，但也不斷在消耗能量。譬如我們心臟要跳，血液要循環，心在想，口在講，身在忙東忙西，所以任何時間都在消耗能量。如能夠生產的多，消耗的少，能量就可慢慢累積。故禪修，是因有效地減少能量的消耗而能養氣。

跏趺坐的姿勢：三個圓、金字塔、舌頂上顎。

首先，看跏趺坐的姿勢，有三個圓：

1. 雙腿盤起來，共形成一個圓。因腿內收成一圓，可減少能量的消耗。

2. 兩手相接，成第二個圓。一般人氣脈在末端處較不通，所以很多初禪坐者，坐一段時間後，手就會腫脹。因爲氣出去的多，回返的少，所以有一部分就累積而腫脹。也有的人不是腫脹，而是流汗。流汗的現象也是因爲出去的多，回返的少，故有一部分就鑽出皮膚而流汗。待坐一段時間後，脈調得比較好了，就能回返的多，而減少能量的浪費。

甚至因兩手相接，有一部分右手的氣，直接從左手返回；也有一部分左手的氣，直接從右手返回，這皆能減少能量的消耗。故冬天天氣很冷時，以兩手相接，還可使我們身體更溫暖。

3. 頭部以上，又是另一個圓。

以上，是用跏趺坐的姿勢，就能減少能量的消耗。

第二，跏趺坐的姿勢也似金字塔。埃及人爲何必將木乃伊放入金字塔內？聽說金字塔的折射效果，有點像鑽石。光一射進去鑽石，因爲不出折射的角度，所以光一進去就在裡面打轉而出不來，因此鑽石看來總是金光燦爛。同樣因金字塔的角度，也不出折射範圍，故氣不容易外散，因此木乃伊在金字塔內放個五百年，甚至一千年，也不會壞。因此，既然跏趺坐的姿勢也似金字塔，應也能減少能量的消耗。

第三，舌頂上顎。因上下顎，即任督二脈的交接處，故以舌頂上顎，較不會散氣。

因此，僅以跏趺坐的姿勢盤坐，就能有效地減少能量的浪費。最簡單的證明，就是有些人在冬天睡了好久仍手腳冰冷，如果先禪坐半小時以上，保證手足溫潤、睡得安穩。

所以我們不要懷疑：禪修，一定得用這麼辛苦的姿勢用功、苦行嗎？現代有很多自以爲聰明的人，採用更輕鬆的坐姿。然輕鬆的坐姿，雖短時間是舒服些，但就長時間而言，得不償失！因爲眞正的禪修，非三天兩夜，亦非一年半載。以跏趺坐的姿勢盤坐，對初學者雖是較辛苦些，但坐久習慣了，覺得這才能安穩、持久。尤其以氣養足了，才能更進一步調脈。

口不語、心不打妄想，都有助於養氣。

當然禪坐時，是不能講話的，而不講話也能減少能量的浪費。還有心不打妄想，打妄想也是很消耗能量的，尤其是打有煩惱的妄想，更是消耗能量。何以故？既然自我矛盾，氣何能順暢？

因此，以禪坐的姿勢及方法，都能有效減少能量的浪費。於是因爲消耗的少，能量就可慢慢累積。

故有人上座未久，即汗流浹背。

我最初禪坐時，上座不消五分鐘，不只汗流浹背，更且汗如雨下，內衣很快就濕透了。因爲平日身體都在消耗很多能量，而上座後能量的消耗一下減少了很多，身體來不及反應，所以短時間內就積存了過多的能量。然等十五分鐘後，身體已意會到其實不需要生產這麼多能量，就會減產而使汗流浹背的情況慢慢消除。現在大概訓練有素了，即使夏天上座也不會再流汗了。

一個人禪坐功夫變深後，脈既順通，回饋系統也會變得比較靈敏。所以有些高僧，夏天照穿很多衣服也不熱，冬天少穿也不冷。因爲回饋系統很靈敏，能隨時隨地保持在均衡的狀態中。

事實上，我們的身體本應有這種能力的，否則一般動物，如何能適應四季的變化呢？然而現代的文明人，卻因愈來愈依賴外在的器物，而使這調節能力愈來愈衰，以致變成惡性循環，每況愈下。

而氣若足，即能漸次疏理脈障。

氣足與脈通，有相輔相成的效果；氣愈足，即脈愈通。

禪坐一段時間後，內氣即能慢慢養足；而氣足了，才有本錢將過去未清理的脈障拿來清理。這情況就像若家裡沒錢，即使房子漏水，也只能得過且過；而待稍微有錢了，才能把房子整理一下。

氣足與脈通，有相輔相成的效果。脈如果不通，氣也不可能足。就呼吸而言，即吸得不夠深；就飲食而言，是消化吸收得不夠完全。而氣不足，脈就更不容易通。反之，氣養足了，脈就能慢慢疏通。而脈愈通，氣也就愈足了。如此善性循環，身心就會愈來愈健康。

通路，既非全不通，亦非全通。如世間的道路，既有羊腸小徑，也有高速公路。

下面再申論一個問題：就是脈的通或不通。我們常聽到：打通任督二脈。這彷彿是：原來全不通，而現在全通了！但如果眞全不通，則中醫的針灸療法便全無效用。若針扎了還有效，就表示非全不通。如眞全不通，當早就死了。

這就像世間的道路，既不是全不通，也不是全通。何以非全不通？像爬百岳，即使在三千公尺以上的高山，也有羊腸小徑可通。但只能獨行，不能並肩，且走的速度非常慢。

等下山時，路就會好一些，有的已開闢成三公尺、五公尺的道路，再好一點升級爲縣道、省道，乃至於高速公路。然而高速公路就是終結嗎？非也！如中山高速公路因流量不斷增加，現在又得拓寬了。

所以理論上，路既不可能全不通，也不可能全通。同理，脈既非原來全不通，也非一打通後就可一了百了，永遠沒事。

從不順通到順通，從暢通到不順，如道路拓寬時。故不以覺受論功夫！

所以在禪修的過程中，常感覺有很多氣脈不順的現象，乃家常便飯。雖大原則是從不順通到愈來愈順通，但實際的過程卻沒有這麼單純。就像世間的道路，有時爲了拓寬反而不順暢了。或者雖同一個部位，過去已通了，而現在竟還有一些脈障的現象。而這是同一層次的不通，如血管者？還是下個層次的不通，如筋腱、骨髓等？其實也很難判斷。

結論是「不以覺受論功夫」！有時雖然覺受不佳，甚至方法也用不上，卻非功夫退轉。有時只是因為在調整過程中，暫時出現青黃不接的現象。雖似「山窮水盡疑無路」，待捱過了，卻又「柳暗花明又一村」。所以，能不以覺受論功夫，最後僅是「安於當下」而已！反正通，也這麼坐；不通，也這麼坐。能以開放的心情來看待，坐久了，既然一切見怪不怪，原則上必然也會愈來愈通。

從胸息到腹息

氣養足，脈漸通，故息能深長，未必是氣能穿透「橫膈膜」之故。

腹息是果，而非因。

如果以跏趺坐的姿勢、禪坐的方法，練習一段時間後，氣即能慢慢養足，且氣養足後，脈也能慢慢順通。因此呼吸就能愈來愈深、愈來愈長，也愈來愈細，以至於從胸息，而變成腹息、胎息。這是我們從禪坐中，自己能體驗到的覺受。

然有些人解釋：爲何能從胸息到腹息，是因氣能穿透「橫膈膜」的關係。其實用現代的醫學也很難解釋：氣是如何穿透橫膈膜的？

就一般人而言，在心臟附近的脈，無論如何一定得維持暢通，否則人很快就死了。而離心臟愈遠的部位，短時間不通還沒什麼關係，頂多手腳痲痺，或頭昏眼花而已，還不至有生命的危險。

所以疏通氣脈，大致是沿心臟的上下，而漸往末端疏通。因此，才顯現出「腹息」的現象。我只能這麼講，至於是不是穿透橫膈膜？除非解剖，否則如何確認呢？

但我要強調的是：腹息是果，而不是因。所謂「果」，是禪修後自然產生此現象。然有些人卻把它當成「因」，就是刻意像青蛙般地，用腹部的脹縮來呼吸，這卻成「倒果爲因」！至於有沒有用呢？大概有點用吧！但這是練氣功，而非修定。

因爲練氣功，難免用「作意」的方法；而修定，則是方法愈單純，心愈能定。以上是講到從胸息到腹息。

若腹息漸明確，則隨息便可從隨鼻息，而改成隨內息。

隨內息的好處：息較深沈、細微，故心也相對較沈著、細緻。

當腹息愈來愈明顯時，我建議：隨息法便可從隨鼻息，而改成隨內息。因氣愈吸愈深，會感覺腹部似另有個呼吸，也在一脹一縮，有進有出。如果鼻息已愈來愈細微，大致腹息也會相對地愈明確。至於在什麼位置呢？要自己去觀察、體驗。這位置不是固定的，而會隨著脈通而愈來愈深。

爲何建議：將隨鼻息改成隨內息呢？因爲隨內息的好處有：

1. 內息比較深沈。因鼻端較高、較浮，外息也就較粗糙而浮淺。而內息既深沈、又平穩，一個人得更專心，才能察覺到腹息的變化，因此心也跟著變成更沈著、更安定、更細膩。

於隨內息中，兼有養氣、調脈的功效——因內息所止處，即是脈障現形處。數內息亦較不會形成控制呼吸的現象。

2. 隨內息，兼有養氣、調脈的功效。因爲氣能吸到什麼部位，那部位其實就是當下脈障之處——因爲有障礙，所以氣才不能再吸進去。當我們把注意力集中於那部位時，以意能導氣，氣就會往障礙處集中。因此隨內息，即兼具養氣和調脈的功效。

問：這是否有「守竅」之嫌疑？

答：守竅所守的部位，是固定的。而隨內息的部位，卻非固定。

3. 數內息，更不至形成控制呼吸的現象。如果內息已形成，就已遠離控制呼吸的階段了。

氣沈丹田

當氣愈沈積於腹部，且下個脈障未疏通前，即會形成內在的壓力。

所以很多人禪坐，雖也坐了許多年，但脈還是沒調好，原因可能是：還一直停留在「數鼻息」的狀態中。因此脈通不通，也不太清楚。

但若隨內息，則所觀察的部位，會不斷地遞移。因爲上個障礙清除後，即可吸得更深，而移轉到下個需調理處。如果下個調理處脈障更重，則得養足更多的氣，以形成更大的壓力，才能漸漸滲透。

過一段時間後，氣即慢慢集中於腹下，而形成氣功上所謂「氣沈丹田」的現象——也就是在腹下形成一股很大的壓力。這種情況就像吹氣球一般，愈吹氣球就愈滿，壓力也愈大。

若初學者不能保任此壓力，便會有激動、晃盪等現象。有些學禪的人，大概看過《禪門囈語》這本書，這是早年打七者的一些報告。有些人雖痛哭、狂笑，卻不知道他們是爲什麼哭？爲什麼笑？而且哭得非常囂張、非常痛快，彷彿這一生，都沒哭得這麼豪放過。而笑的話，也會笑得前翻後仰，甚至動作也會比平常更極端。爲什麼呢？修行，不是當「八風吹不動」嗎？何以無風也會亂動、狂動？

就是因「氣沈丹田」所形成的壓力，若不能保任、安撫這股氣，它就急著找地方疏散。本來是向內打氣的，結果卻失手讓氣倒灌出來，而變成大哭、大笑的現象。

有時候，是因一些妄想、一點情緒作引子，而將這股氣渲洩出來，同樣哭得天昏地暗、日月無光。這都是內在有壓力，需找個「旁道」疏通。

雖壓力抒解後，能得片時的輕安，但卻非提升之道。

於是不管是大哭或大笑後，才將壓力解放出來。這一哭，哭個半個小時、一個小時是很平常的。因爲剛從一個很大的壓力中得到解放，故身心非常寬鬆自在，而這寬鬆自在，也可能是一生中未曾有的體驗。

我也知道，在師父早期所主持的禪七裡，他是有意造成這種「解放」的假相。因爲對很多初學者而言，這確實是一般人一生中難得有的體驗。所以他總是先逼你：把氣打得滿滿的；然後再伺機將它爆破，讓你哭得淅瀝嘩啦，柔腸寸斷，感恩不斷。

這有用嗎？對初學者而言，還有效用。但就長期而言，卻非提升之道——因爲既把氣散掉了，還有疏通的本錢嗎？故最近的禪修，我實在看不上眼。因爲坐不到半小時，就得經行或運動，而經行或運動後，就把氣散掉了，還能提升嗎？像煮開水，水未滾就熄火了，它能滾嗎？所以我以前再三說到：要調脈，至少得連坐兩個小時以上。否則氣不足，哪能調脈呢？

事實上，很多宗教的修行活動，常免不了有這些現象。

這可能是中途的過程，也可能是自我暗示的結果。

這壓力若很快將之抒散，則對下個脈障的疏通，便使不上力。

而這些痛哭、大笑的現象，在很多宗教活動中卻成了「必演的戲碼」。何以故？如前所說：「那種寬鬆自在的感覺，可能是一生中未曾有的體驗。」所以很多人都喜歡重溫舊夢，故一再地自我暗示，以造成假相。甚至透過「群體催眠」，而更方便彼此認同。然而重溫舊夢，豈非也是「得少為足」而已？

所以在早期的禪七，如第一次、第二次的禪七，哭哭笑笑，師父原則上是允許的。但如第三次了，還哭哭笑笑的，就得罵他：「沒出息！」因為你應該已學會如何保任、安撫這股氣了。否則，這股氣不管是有意把它散出去，還是不小心讓它旁漏了，對於下個脈障的疏通，便無能為力了。

觀足心、湧泉穴的方法，只能治標，而不能治本。

也有些人為了急著消除這股壓力，就會用「觀湧泉穴」的方法——將注意力集中於腳底足心處，而將氣導引下沈，甚至洩掉。雖然身心不安穩的症狀短時間消失了，但因脈障未得抒解，故只能治標，而不能治本。

治本，是善於保任此壓力，以作爲抒解下個脈障的憑藉。我們既要有這樣的知見，也要有這樣的能力，把壓力保持住，讓它穩穩地沈於腹中；而繼續禪坐養氣，使氣更足；而氣更足，才有抒解下個脈障的本錢。

脈障若長時間未抒解，便形成小腹便便之態。

如果氣長時間積於小腹，且脈障又未能抒解，就會形成「小腹便便」。有些練氣功的人就是這樣。但若下個脈障疏通後，原則上就會消失。所以女眾禪坐，不必擔心會有小腹便便的後遺症。所以這些現象對很多人而言，是不可避免的過程。但若不清楚，就會形成心理障礙；而清楚了，用平常心去看待，也就見怪不怪了。

八觸

在《小止觀》中有所謂八觸：「即於定中忽覺身心運動，八觸而發者，所謂覺身痛、痒、冷、煖、輕、重、澀、滑等。當觸法時，身心安定，虛微悅豫，快樂清淨，不可為喻。」

還有昇降、浮沈、躁鬱、悶脹、僵固、緊迫、鬆垮、抖振等。

在智者大師所著的《小止觀》中，有講到「八觸」——覺身痛、痒、冷、煖、輕、重、澀、滑等。「當觸法時，身心安定，虛微悅豫，快樂清淨，不可為喻。」意思是：當產生這八種觸受時，身心會非常安定，且覺得喜悅。

如就觸受而言，還有昇降浮沈：有時覺得身體好像氣球一般，直往上升；有時卻感覺自己一直向下掉，不知要掉到哪裡去？浮是覺得身體擴張，散是身體有部分似已消散。

有時覺得身心躁動不安，有時覺得身心悶悶不樂。有時身體有某一部分特別繃緊，而無法放鬆；有時又覺得關節鬆垮垮的，似脫節了一般。有時頭部、身體或手腳，會有抖動的現象。

既於定中，何以又有覺受？既已痛痒冷煖，何以又說悅豫、快樂？

那是氣脈從塞而通的覺受。

智者大師認爲，八觸是定中才有的覺受。但既然在定中，怎還會有覺受呢？更奇怪的是，既覺得身體痛癢，怎還會喜悅呢？這些現象，依我的經驗，當是「氣脈從塞而通」的過程中，所產生的覺受。

不順暢不是完全不通，順暢也非完全通。氣如果全阻塞不通，就麻木不仁了，都無覺受。氣如果完全通，也是沒有覺受的，甚至都感覺不到身體的存在了。

因我們全身各處，多處於「不順暢與順暢」之間。於是待氣養足後，就這次處理這部分，下次處理另部分。它是否有一定的次第呢？未必！但身體到時候，就自己能察覺確認的。所以這些冷、熱、痛、癢、抖動等現象，是氣脈從阻塞到暢通的過程中，出現的覺受罷了！

因脈不通而有悶脹、疼痛，甚至發炎的現象。

氣屬陽，故氣積爲熱；血爲陰，故血窒乃涼。

就以悶脹或疼痛爲例：若輪到將調理某部位了，原則上氣會往那裡集中。因爲集中之故，這時就會覺得那部位特別悶緊，想放鬆也鬆不了。於是氣愈集中，就會從悶緊而變成疼痛，從疼痛而變成刺痛。

一般人很習慣用「負面的價值」來看痛，認爲痛就是不好，痛就是有病。事實上，以禪坐而言，痛反而是好事，表示有本錢可做「修復」的工作了。因氣已養足，並集中於不通的部位，集中後，開始正逆交戰，要把淤塞處排除，這時就會痛。剛開始是一大塊的悶痛，到後來愈集中而成爲刺痛，甚至如錐刺般地痛到極點。

這種悶脹、疼痛的現象，如去看醫生，醫生一定告訴你：那部位發炎了，甚至禁止你再禪坐。然爲什麼發炎呢？用中醫的理論來說：於氣血中，氣是屬陽，血是屬陰。故氣積多了，感覺爲燥熱；血積多了，感覺爲清涼。剛開始禪坐時，一定是陽氣先動，所以不通的部位，因聚集了很多陽氣，呈現出類似發炎的現象。因此不必用「負面的價值」來看待發炎的症狀，更不必因此嚇得不敢再禪坐。

這種刺痛、發炎的部位，尤其易現形於舊傷未全癒合處，或久病未眞痊癒處。以前受傷、病痛的部位，表面好了，其實未完全好——還有細脈未通。而現在氣足了，才能更深入地做復健的工作。所以我們也不用疑慮：不是已經好了嗎？爲何一禪坐反而舊病復發呢？不是舊病復發，而是做更深入的治療。所以不只當安忍而繼續坐，還當用歡喜心來迎接。

比丘常帶三分病。

這病看一般的醫生，卻無效用。以平常心看待，繼續用功而已。

所謂：「比丘常帶三分病。」爲什麼呢？有人說：因發願替眾生受苦，所以常帶三分病。其實常都自顧不了，哪有能力替眾生受苦呢？但就我的體認：一位禪修者，身上常會有一些莫名其妙的覺受，且這些莫名其妙的覺受，一般人還習慣用「負面的價值」去看待它，因此便以之爲病。然那是三分病，而非七分病。三分病不理它，也不會影響工作、障礙禪修，只是覺受不那麼喜悅；若是七分病，才得送醫治療。故此「比丘常帶三分病」，泛指一切禪修者在調脈過程中，經常會有的覺受。

因此，雖然很多人常嚮往著「禪悅爲食，法喜充滿」的修行體驗，但一百個小時的禪坐中，眞得「禪悅爲食，法喜充滿」的，可能不到一小時。其餘大部分時間，都是在悶脹、疼痛、昏沈、妄想中捱過的。

且何時能「禪悅爲食」呢？常言道：「不經一番寒澈骨，焉得梅花撲鼻香？」如克服了一個很大的障礙，可得到一時的寬鬆，但如果這寬鬆維持得很久，卻表示沒進步了。因爲原則上，它會很快去處理下一個問題。所以一直期待著「禪悅爲食，法喜充滿」，反而是錯誤的心態。

在佛教裡常聽說有「感應」，所以知見不正、信心不足的人，常期待有甜頭吃。但一個有正知見的人，反而當從不斷地克服身心的逆障，才能得到比較大的提升。

病的分類

其次，由禪坐而產生的病相，就是去看醫生也未必有什麼效用，反而會把禪坐的時間、禪坐的信心給攪亂了。依我多年的禪坐經驗，這些莫名其妙的覺受，多半只是過程，且繼續禪坐就會捱過去的。當然繼續坐，卻非三天、五天，甚至半個月、一個月，就能了事的。

如果我們能確認：禪坐，只會讓身心更健康，而不會產生負面的效果，則對一切現象都視爲過程。時間久了，自然水落石出——當一次又一次地捱過去了，反能清楚那是怎麼回事。

很多人還急著問：「法師，我這種現象，到底是生病了，還是只是禪修的過程？」我非專業的醫生，如何能爲你診斷呢？

不過對我而言，也不必劃分得這麼清楚。何以故？脈障重，即是病。而將之當成病，心理的壓力比較大；將之當成脈障，就覺得寬緩多了。但我並不是說：一切症狀，都只禪修調脈即可，而不必就醫。因爲這已牽涉到病的分類。

急性病：爲外感而有的病。

慢性病：因氣血失調而有的病。

業障病：從心理障礙而生的病。

第一種稱爲急性病，外感而有的病。像所謂的濾過性病毒，或是因飲食不潔很快就瀉肚子，或者被毒蛇咬傷等。這種外感的病，很容易判斷。外感的病多是急性病，來得快，也去得快。所以還是去看醫生比較保險，靠禪坐可能就來不及了。

第二種爲慢性病，多是氣血失調而有的病。看醫生嘛，每個人所診斷的，不見得一樣。治療嘛，花的時間多，效果也不大。而短時間不管它，似乎也沒什麼大礙。這如能持之以恆地禪坐，有時會有異想不到的功效。

第三種是業障病，跟情緒、心結，甚至觀念和生活習慣有關。這只單純地禪坐，也未必有顯著的功效。業障病當求治於心理醫師，或學佛修行。

生病一定得看醫生嗎？何謂「免疫功能」？

休息、放鬆、禪坐，即可治病。

我們現在人被訓練成：若生病了，得趕快看醫生；否則，病會愈來愈嚴重。直到最近西醫才確認：人身上另有被稱爲「免疫系統」的功能。這除了避免人不生病外，還能爲自己治病。如何爲自己治病？根據脈障與病症的關係去尋思：病，多因脈不通，尤其是內感的病。當脈不通而生病時，身體會告訴你：不要再勞碌了，應把身上的能量集中於不通處。於是此時，你會變得無精打采，甚至本來很有興趣的事，也會變成興趣缺缺。這不是病得奄奄一息，而是爲了把氣力集中於脈障處！所以我也常責怪，有些人一生病，就東西南北到處看醫生。這麼累，身體健康的人都快累出病來，何況身體有病的人，怎可能治好呢？生病時，只要身心放鬆、休息，我們的免疫功能就會自行調整。如還能禪坐，效用更彰。

也有人反駁說：「法師，你是方外之人，有充裕的時間去禪坐調養。我們在家人，都得賺錢養家，忙東忙西，所以只能選擇去看病吃藥！」如這是事實，我也無可奈何！但理論上，能放鬆身心、休息禪坐，免疫功能就會愈來愈強的。

以上是講到脈障的現象，如果經常禪坐的話，對這些應該是蠻熟悉的。

任督小周天

男眾於氣沈丹田後，即先疏通督脈；女眾，則先疏通任脈。

在氣沈丹田後，已養足了較大的能量，故能疏通下個脈障，即所謂的「任督小周天」。督脈在背後，任脈在腹前。以中醫的理論來說，背為陽，腹屬陰。所以男眾是先疏通督脈，女眾是先疏通任脈。

督脈三關：尾閭、夾脊、玉枕。

任脈三關：鳩尾、膻中、廉泉。

督脈，在我的經驗，或書上所說，乃有三關：尾閭、夾脊、玉枕。任脈也有三關，這我比較不確認，可能是：鳩尾、膻中、廉泉。

尾閭

以氣積腹下故，淫欲易現行。若下竄於腿部，則會有抖動不安的現象。

尾閭就是在脊椎最下面的地方，如果是一般動物，就會長出尾巴來。就解剖學而言，脊椎最後一段似無作用——因爲那裡的脈，大部分人都是不通的。

在疏通「尾閭關」的過程中，氣會先經過小腹、會陰，然後再從背部翻上來。於是因尾閭關不通，氣多積聚於小腹下。這時因氣的壓力，而生欲「宣洩」的期待，因此溺尿會比平常多，淫欲也會比較重。有時氣翻不過背後，卻往下竄，因此腿部有抖動不安的現象，也會有悶脹、疼痛等覺受。

對這些現象，只要心中明白，繼續安忍禪坐，即能漸漸通調，不必刻意去處理。例如淫欲比較重，如繼續坐到氣往上行時，即如「春夢了無痕」！這講白一點，也可以說是業障現行。

所以也不需要驚疑，因爲每個人都有這種業障，而未修行到這種境界，還不會現行呢！

有人用「潑冷水」，期望消除淫欲。然「潑冷水」對脈障的消除，並無任何效用。唯有將氣繼續保任，以作爲疏通的資糧。

夾脊

氣若不能上夾脊，則腰頹萎不起，如折垮狀。知覺後，則勉強撐起繼續用功。

夾脊是在兩邊肋骨，銜接脊椎的部位。如禪坐時，尾閭關雖過了，但夾脊關未過，於是腰上氣不足，腰就垮垮的。

我以前見過一位居士生了西醫說是「帶狀泡疹」的病，台灣話則說是「生蛇」。他坐時，十有八九腰都是垮垮的。我認爲他就是因爲夾脊氣不通，所以氣往腰的兩邊竄去，才生帶狀泡疹的。後來泡疹的症狀雖然消失了，但脈仍未通，所以腰才垮垮的。用推拿或禪坐，將脈打通，使氣能上升，泡疹或腰無力的現象就能改善。

可是要坐到夾脊關脈通，也得下蠻大的功夫。所以在這階段，常不知不覺地腰就垮下去。雖警覺到了，刻意撐起來，但不久又垮下去了。有時候連垮下去也不覺得了，因爲實在昏沈得非常嚴重。

下面對照智者大師於《釋禪波羅蜜》中所講的：

當得此粗細住時，或將得時，必有持身法起。此法發時，身心自然正直，坐不疲倦，如物持身。

此持身法，以我的經驗而言，即是脈過夾脊關的自然反應。此時，就像氣球的氣已打得滿滿一般，腰不用刻意去挺，都能挺得很久，且愈坐精神愈清爽。

玉枕

此玉枕關，大致是指氣從頸部上行至頭部的過程。若氣上不了頭部，則頸亦將頹萎不起，如折垮狀。故於上座後不久，便極度昏沈，以至於不省人事；平日生活間，易形成健忘、思惟不力的現象。

「玉枕關」到底是在什麼部位呢？其實也很難定位，但大致是指：氣從頸部上升至頭部的過程，但不見得是指「玉枕穴」。

同理，如玉枕關不過，氣上不了頭部，腰雖直了，頭卻折了，一直往下垂，而且會昏沈得更厲害。昏沈到什麼地步呢？不省人事——根本就睡著了。所以禪堂規矩雖是「昏沈者，當舉手請香板」，然而連手在哪裡，都不知道了，怎可能舉手呢？

不只上座時極度昏沈。下座後也因氣上不了頭部，所以記憶力非常差、非常健忘。刻意記的，都可能忘掉；至於不刻意記的，馬上就忘得乾乾淨淨。除健忘外，也思惟不力，經常一要思考，腦筋就打結了，似乎愈坐愈呆。

所以有人曾問：「學佛修行，不是當愈來愈有智慧嗎？怎適得其反！」我答：「這是過程！」知是過程後，又當如何呢？唯有安忍，繼續禪坐！

雖極度昏沈，而不能用功，卻建議不下座。
必熬過了，才能「柳暗花明又一村」。

因為我個人也曾經歷過這些歷程，所以這時雖極度昏沈，乃至不省人事，我仍建議：不要下座。如前所說，單以跏趺坐的姿勢就能幫我們養氣，氣養足了，脈才能通。

反之，如下座經行，應就不會打瞌睡了，然而脈障仍未消！同理，下座拜佛，拜佛後是否脈障就能疏通？這我也不敢擔保。甚至有人昏沈就跪香，而跪香又不是跏趺坐的姿勢，故對氣的保養沒什麼效果。因此我建議：還是繼續坐，坐到清醒為止。否則，就前功盡棄了。

所以事實上，學佛修行是非常「貴族」的，因為既要深入佛法的理論，就得有相當好的資質，又要有足夠的時間禪坐用功。一般在家人，一天能坐上一個小時就難能可貴了；而一個小時的禪坐，連氣都未養足，更何況能調脈呢？

我過去的經驗是：禪坐半個小時後就開始昏沈，大概又得昏沈個半小時以上，才能慢慢清醒過來。「山窮水盡疑無路，柳暗花明又一村。」但即使你已清醒過來，也不必急著下座。因爲它雖疏通一些，卻未全通，故能繼續坐久一點，對脈的調理才更具效果。

氣積頭部

如果氣能通過頭部，而上升到頭部，卻不是一直通到頭頂。而是順著枕骨，斜行經過耳朵的上方，而到太陽穴、眉心，然後再從眉心下任脈。在這過程中，就會出現各式各樣的覺受。

妄想多、失眠、易瞋怒；

耳鳴、眉心重、幻視、幻聽、眼紅、眼屎多、流鼻涕、齒炎。

前已說：氣如上不了頭部，會昏沈、健忘。那如果氣已上了頭部，卻下不來，則因氣積頭部之故，會出現幾種狀況：

1. 失眠，妄想也特別多。這有點像有些人不習慣喝茶，喝了茶後，晚上就精神特別好，睡不著覺，一直打妄想，也不知道爲什麼要想那麼多。這是因爲氣積頭部，且到處亂竄，而亂竄的話，妄想就擺不平了。

2. 瞋心、慢心也比較重。一般人生氣時，氣是直往頭上衝，故臉紅脖子粗。所以氣積頭部，也較容易產生瞋心。若有人慢心過重，則被形容爲「眼睛長在頭頂上」。其實，是因慢心過重，而氣積頭部；也因氣積頭部，而慢心較重。

3. 如氣將通過耳朵上方，則會產生類似耳鳴的現象，甚至似乎聽到有人在講話。

4. 其次，太陽穴會變得緊緊的，也覺得眉心好似吊了一塊石頭般地沈重。

5. 再來，眼睛會有幻視。晚上睡覺後，第二天醒過來時，會發覺眼睛布滿血絲，好像發炎了。眼屎也會比平常多很多。

6. 再者，會流鼻涕。因爲上氣已通，而下氣未通，所以它就找到鼻孔來出氣。我過去就是這樣，常從早上流到下午。後來我終於覺悟，得等下氣也通了才再坐，就不會再涕泗縱橫了。

7. 過鼻端後，下來就是牙齒，故牙齒也有類似發炎的現象。

以上，只是略說而已。至於眞正的情況，則「如人飲水，冷暖自知」！因爲每人的體質不同，而且所用的方法也略有出入。

舌頂上顎的用意——銜接任督二脈。督脈既通，則順下任脈。倒河車。

如氣已通過鼻端，更往下行，此時自然會「舌頂上顎」——為方便銜接上下任督二脈的氣。在這個階段，不管上座或下座，都會很習慣地舌頂上顎，因此也會變得不愛講話了。對剛開始禪坐用功者而言，舌頂上顎往往只是裝模作樣而已——因為任督二脈尚未通。但舌頂上顎，氣亦較能保任。從頭頂下來到「人中」是督脈的範圍；從腹下到下顎，是任脈的範圍。故氣能再從眉心、鼻端下去，就稱為「打通任督二脈」。

任督二脈的疏通，對男眾而言，是從背部上去，再從胸前下來，這是第一輪。其次，從任脈上去，督脈下來，為第二輪。如此一前一後，一正一反，反覆再反覆，脈才可能眞正疏通。有些道家書稱此為「倒河車」。

這種覺受未必每個禪坐者都會經歷，我之所以不厭其煩地說明，只是為表明：這如發生在你身上，也只是平常事而已！既不必緊張，更不用忙著看醫生。繼續坐下去，就能煙消霧散、水落石出。以上已說督脈三關，以下再講任脈三關。

鳩尾

女眾任脈的通法，是自下而上。

胸萎氣鬱，落落寡歡，可能連延數年之久。

任脈的疏通程序是：從氣沈丹田後，即往胸上行。首先面臨鳩尾關。鳩尾在胸前劍骨下面，有塊骨頭特別突出，像劍的尖梢。氣從丹田上來，從小腹直到鳩尾之前，因爲都沒有骨頭，所以上升的過程倒還順遂。然到了鳩尾時，就碰到骨頭，所以這一關便很難過了——氣從下硬往上衝，就像一把劍倒插入胸膛般地難受。

如果氣過不了鳩尾，則會胸萎氣鬱，落落寡歡，看到任何事情都覺得不太愉悅，甚至會變得比較悲觀。這很容易聯想到小說《紅樓夢》裡的林黛玉，她有肺癆病，而肺癆病大概跟胸萎氣鬱有關吧！

膻中

過了鳩尾，下一關可能是膻中，但這我已沒什麼印象。膻中關不過，可能胸悶氣喘。

過去有一位女眾師兄，因胸悶氣鬱，醫生檢查說是腎有問題，要開刀。我說：「你不要道聽塗說了，這只是氣不過膻中的現象！」後來眞的沒開刀，也無所謂。

廉泉

似有物梗塞，極欲一吐爲快。

再下面這一關稱爲廉泉，即在喉嚨附近，尤其男眾，很明顯可看到有一較突出的骨結。要通過廉泉關時，因氣卡在這裡，較容易咳嗽，也好像有物梗塞住了，而想一吐爲快。

我對女眾的疏通路徑，不是很清楚。到底氣過膻中後，是直接上廉泉去？還是沿著鎖骨，轉從背部上頭腦？有些跡象似是從背部轉上頭腦的。但我主要介紹的不是路徑的問題，因爲路徑即使我們不知道，它也會自己走。我主要是說：有這些身心反應時，只要自己心裡有數，就可以平常心看待，而繼續禪坐。

前面已談：男眾先通督脈，再通任脈。然後逆轉，通完任脈，再通督脈。如此一前一後，一正一反，而稱爲「倒河車」。何以故？

所謂通，不是通一點就算通。若只通一點，而全線未通，則那點很容易又阻塞了。要坐到全線都通，才不會再阻塞。所以得一正一反，慢慢磋磨。

若全線通了，在道家稱之爲「周天」，周天就是循環、往復的意思。既能從督脈到任脈，也能從任脈到督脈，即稱爲「任督小周天」。

正經與奇經

常聽說：打通奇經八脈。何謂奇經？即是較深沈的脈絡，深入骨髓中。然最深沈的脈，與最浮淺的脈，互爲表裡。

道家經常講到「打通奇經八脈」，何謂「奇經」呢？這得從「正經」講起，《皇帝內經》（簡稱《內經》）中說：正經共有十二條脈，且對應著五臟六腑——加上心包臟，則爲六臟六腑。而一臟一腑又配對著十二時辰。

每個時辰都對應著一條經絡。因此人何以在某時辰中，精神特別好；於某時辰中，精神特別差？如時辰確定了，再對照六臟六腑，便可知道哪些臟腑的脈比較順，哪些臟腑的脈比較不順。不順的脈，原則上會使人相對較沒精神；如嚴重不通，就有相對的病了！

至於奇經，則是較深沈的脈，深入骨髓中。例如任督二脈，督脈大家都知道是在背脊裡面。至於任脈，在胸骨的部分，也是在骨髓裡。奇經，因是較深沈的脈，所以雖不通，也不會有明顯的病痛。因此疏通的程序，是在正經的障礙皆去除後，才更進一步疏通奇經。

然最深沈的脈與最浮淺的脈，卻是互爲表裡。如五臟中，最浮淺的就是心臟的神經系統，最深沈的則爲腎臟的內分泌系統。神經系統反應非常快，內分泌系統的反應就慢很多。但神經系統跟內分泌系統，是互相影響的。如內分泌系統不好，也會影響到我們的知覺、思惟與判斷。反過來，我們也可用意識去導引，而使內分泌符合我們的需求。

《內經》說有八脈：任、督、帶、沖、陽維、陰維、陽蹻、陰蹻。

任、督已於前述。

《內經》中說奇經八脈爲：任、督、帶、沖、陽維、陰維、陽蹻、陰蹻。任督二脈，已於前述。

這些脈相，如有興趣，可參考看看。若沒興趣，也不會影響禪修。

帶脈，環繞腹部，其狀如帶。

環繞軀幹的脈非常多，不只於腹部。

帶脈，《內經》上說：環繞腹部，其狀如帶。故帶脈，就像男眾穿褲子，扎個皮帶，在肚臍四周。事實上，是以縱向的脈爲經脈，以橫向的脈爲帶脈。

如就橫向的脈而言，其實全身帶脈非常多，不只於腹部而已。比如從眉心到玉枕，從廉泉到頸後，從鎖骨到背後，都有帶脈。甚至每一條肋骨，也都有橫狀的脈。

我們每個關節——膝關節、肘關節，也都有環狀的脈。瑜伽所謂的五輪——育樂輪、臍輪、胸輪、喉輪和眉心輪，也都有環狀的脈。

沖脈，並非常脈，或與生殖有關。

女子二七而天癸至，任脈通，太衝脈盛，月事以時下，故有子。

沖脈，有些書上說「衝脈」，並非常脈，不是一條現成而固定的脈，或與生殖有關。生殖，就是說跟男女的性交有關。《內經》上說：女子二七而天癸至，任脈通。二七是指十四歲，用現代人的講法就是開始步入青春期，第二性特徵慢慢顯現出來了，故女眾胸部開始發育，且有月經——即「天癸至」的意思。

所以，沖脈應是在男女性發育比較成熟後才有的脈。甚至，沖脈平日雖存在，但不活動。要在對「性」比較敏感時，才會被激發，而成為「衝脈」。這衝脈一起，便觸發淫欲、性致勃勃。到最後，將脈疏通了，即產生「高潮」反應。它只是在特殊的生理情況下，才會被激發，故說非常脈。一個人如經長時間的禪坐修行，將沖脈徹底疏通，則衝動不再起，性欲也就被淡化，甚至消失了。

至於陽維、陰維、陽蹻、陰蹻四脈，雖略說而語焉不詳。

以我的體驗，只有維脈而已。維絡陰陽之脈，位於身軀左右兩側。

下面再講到另四個脈：陽維、陰維、陽蹻、陰蹻。事實上，名字雖有，但都止於略說，且語焉不詳。

如以我多年禪坐的覺受，雖對「陽蹻和陰蹻」未有什麼體驗，但對「維脈」卻有比較清楚的覺照。何謂「維脈」？即「維絡陰陽」之脈。

至於如何維絡陰陽呢？腹爲陰，背爲陽。以其在身體兩側的部位——從頭頂經耳朵下來，一直到髂骨，故稱爲維脈。這脈既居於陰陽之中，故若陽脈不足，就會補陽；陰脈不足，就能補陰。因此說「維絡陰陽」。

至於手足間的維脈，亦位於兩側，或稱之爲陽維與陰維。也與陽蹻、陰蹻相類似。

到最後我也發覺：甚至手跟腳之間，也有維脈。以其在手足背跟手足掌之間，故也稱之爲「維脈」。且稱靠內側的，爲「陰維」；靠外側的，爲「陽維」。

如果在手足，則稱爲「陽蹻或陰蹻」，與維脈同一脈道。因此，一般人所謂的奇經八脈，到最後也只有四脈：也就是任督二脈，和左右維脈而已！至於帶脈，因屬橫向的脈，另當別論。而當縱脈疏通了，帶脈部分也就會跟著通。

從軀幹到手足

軀幹脈既已疏通，次及手足之脈。包括正經與奇經。

正經為：手三陽、手三陰、足三陽、足三陰；奇經則為兩側之維脈。

於是，手足中有八脈，而軀幹間為十六脈。

為何從軀幹到手足？我們身體的氣脈不可能同時進行疏通的工作，一般來講，都是從最重要的部位先疏通，而最重要的就是五臟六腑。因五臟六腑若不通，即馬上生病；如還不通，就病危了。所以一定得先疏通五臟六腑的脈。

至於頭脈不通，頂多笨一點，至少還活得下去。眼脈不通，看不清楚，也沒有生命的危險。因此都是把五臟六腑的脈先疏通了，然後再上升到頭部——不是到頭頂，只有到眉心而已。頭沒到頂，腹也未及會陰，因為上下是對稱的。

等軀幹、頭部皆疏通後，才開始疏通手足的脈，包括正經和奇經。正經為：手三陰、手三陽、足三陰、足三陽。至於奇經，則為手足兩側間的「維脈」。

因此到最後，發覺左右手各有八條脈：手三陰、手三陽，和兩側的「陰維」跟「陽維」。

左右腳亦然。至於軀幹，則有十六條脈。因爲前是任脈，後是督脈，左右兩側則是維脈，加起來即有四條脈。然後再加右前、左前、右後、左後各三條脈，即成十六脈！若對中醫沒什麼興趣，也不必在意有什麼脈相。只是提出我的體驗，作爲醫學的參考。

最後發現，軀幹間的十六脈，合成四組，而成四大周天：第一組爲任、督與左右二維脈；第二組爲心、腎、小腸、膀胱；第三組爲肺、肝、大腸、膽；第四組爲心包、脾、胃、三焦。

第一組任、督和左右二維脈。其實就是奇經的脈。

第二組心、腎、小腸、膀胱。在《內經》裡已講得很明確：心跟小腸是一組，腎跟膀胱是另一組。但我發覺，心跟腎也是共成一組的。因爲心是神經系統，而腎則爲內分泌系統，神經與內分泌，互爲表裡。所以這一組是以「精、神」爲主。

第三組肺、肝、大腸、膽。如《內經》言：肝跟膽是一組，肺跟大腸爲另一組。但是爲何肺與肝會是同組呢？因爲肺主呼吸作用，而肝主筋，與運動有關。如果我們做很劇烈的運動，呼吸也一定會變得很急躁，所以肺、肝也互爲表裡。這一組是以「氣、力」爲主。

第四組心包、脾、胃、三焦。心包就是心臟，即西醫所謂的循環系統；三焦，則是泌尿系統；脾、胃，則指消化、吸收。至於心包和脾爲何成一組？因食物的精微，經消化、吸收後，即由心包散布全身，再回歸於泌尿系統。這一組是以「營、血」爲主。

至於詳細脈相、穴位，我不詳述，也不必參考《內經》所說，因爲這牽涉到「脈性」的問題。

對於以上所說的脈相和穴位，我不會講得很詳細。因爲：

1. 這跟《內經》所說，有很大的出入。何以故？我認爲從病人身上，所診得的脈相本來就是病態的。因爲生病了，故脈也是病態的。而用病態的脈，作爲醫學的根據，事實上是有問題的。要以健康人的脈作依據，才比較正確。而健康人的脈，是經過多年禪坐、調脈後，脈相才會慢慢穩定下來。剛開始禪坐的人，氣還比較浮——未入脈中，多在外面亂竄，那時的脈相也不可靠。要能「氣入脈中，氣入骨中」，脈相才會穩定而明確。以這樣的脈相作爲醫學的依據，才較正確。

2. 又更牽涉到「脈性」的問題，即脈之所以形成和變化之理。對「脈性」若能更深入瞭解，便不會再去執著這些脈相了。下面就來談「脈性」的問題。

脈的緣起

依佛法言之，身是業報身。而業有共業與別業之異。

因共業而成人身，依別業而有不同的長相、不同的命運。

依佛法言之，此身是業報身。因爲過去所造的業，業感緣起而現形成這樣的身體。而業若再分析，還有共業和別業的不同。就人來講，因爲有人的共業，所以才出生爲人道。因共業故，人的脈相是相類似的，因此中醫的針灸，對西方人也有效。

然在共中有別，所以有的人長得英俊，有的人長得醜陋，有的長得高大，有的長得矮小。外相不同，遭遇、命運也各有差異。因此從看相而算命，準不準呢？在某種程度內，是可參考的。爲什麼呢？因爲既然不同的業會有不同的相，那不同的業也有不同的命。因此從相論業，從業算命，是有它的相關性。

但從另個角度來說，如果讓人算命——依生辰八字來算，果眞算得很準，卻也表示你沒出息。因爲你的業，從出生到現在，未有較大的提升，才會一切被算準了。在修行過程中，業應不斷地改變，不斷地提升，早非出生時的業了！所以世間的算命者，公認修行人的命不好算，尤其愈有修行的人的命愈難算。

脈，是介於業與身之間，於是人與人間，脈相亦有大同與小異。故不能以一套「先入爲主」的脈相，作爲導引的根據。

無形的業，如何操控著我們的長相和命運呢？依我的體認，是通過「氣脈」去完成的。因爲氣脈是介於無形的業和有形的身之間，這就像電腦的作業系統和應用軟體，是通過一些IC板或驅動程式，而來操作硬體。

既然每個人的業，都屬「共中有別」，所以每個人的脈，也都應「大同、小異」。大同是都有正經、奇經，小異是通塞不同。有的人針感非常敏銳，針一扎下去，就整條脈有反應；有的人扎了老半天，絕無反應。這是因爲別業不同。

既因業而有其脈，則不同的見地、不同的修行法門、不同的修行層次，脈相也會有相對的差異。所以不能以一套「先入爲主」的脈相，作爲導引的根據。

而世間的氣功，本質上都有一套導引的程序，所以學了以後出問題的，其實是蠻多的。因爲這導引的程序從何而有呢？是從最初創始者的體驗而衍生的。他有了體驗後，即熱心地去傳播，於是既有不少人受益，也有某些人受害。

我雖於教導禪修的課程中，不能不略述脈相的變化，然我也是最反對任何「守竅」或「導引」的法門。

爲何不能不略述脈相的變化？因爲很多人在禪修的過程中，因身心產生一些異常的現象，或覺得可怕而不敢再坐，或得少爲足而趾高氣昂。若能確認：那只是過程中的漣漪，則能以平常心視之，而繼續用功。

對具善根的人，就不必講這麼多。因爲只要掌握「萬緣放下，佛來佛斬，魔來魔斬」的大原則，即能持之以恆地用功下去。而現代人，教別人時還能口口聲聲：「一切放下，不管它。」然自身若碰到一點情況，就大驚小怪、頭皮發麻！如果只是重申：「一切放下，不管它。」對他們是不會有作用的。若能把這些現象稍作解釋說明，他們聽一聽，覺得有道理，試一試，也還能驗證，如此才能把心結眞正消除。

我雖略述脈相的變化，但我其實也是最反對「守竅」和「導引」的法門。守竅，就是教我們將注意力集中於身體的某個部位，譬如眉心、命門、心輪、丹田、湧泉穴等。為何反對守竅呢？因為只要將注意力集中於一點，氣就會往那集中，而造成全身氣脈的偏頗。如守於眉心，氣因上升而上重下輕。如守丹田，氣則下沈而下重上輕。短時間的失衡還無大礙，若長時間的偏頗，對身體卻會有傷害了！

導引就更複雜了，最初集中於甲這一點，其次集中於乙這一點，再者集中於丙這一點，於是串起來就是一脈路。這脈路即會將氣從甲處，導引至乙、丙等處。為何反對導引呢？因先入為主的脈路，未必適合我。我在與氣脈奮鬥這麼多年後的心得是：還是讓身體自己去運作，才是最聰明和最安全的。

現代人習慣用意識去操作，用意識去控制，反而把自己搞得很混亂。所以我雖在書本中知道很多調脈的偏方，但我從來都是用最笨的方法——就是繼續坐、繼續熬，直到柳暗花明、水落石出。

然某些不明究裡的人，以為我既談及「氣脈」，便是「外道」。然如何才非外道呢？難道有病就醫，也是外道嗎？因飢餓而就食，也是外道嗎？所以問題不在談不談氣脈，而是以何等知見和心態，而來談氣脈！故我雖談氣脈，卻也最反對「守竅」或「導引」，而只是不迎不拒地默照它而已！而此不迎不拒地默照它，既與禪法相應，也跟健康相得益彰。

當代很多「次第禪觀」的法門中，雖不談及氣脈與導引，但於方法中，還是有導引的作用與偏端。

很多教禪者，雖絕口不談氣脈，但於方法中，還是有守竅和導引的作用。譬如南傳的內觀禪，先將注意力守於鼻端，而能看到煙、火、星光等「禪相」。其實氣既集中於鼻端，集中就會發熱，因熱而感覺有煙、火、星光等相，你以為有什麼了不得嗎？以我看來，有這麼多相，反而才是病態的。又如南傳「葛印卡」的禪法裡，雖只是教我們「放鬆」，但既然從頭部、頸部等一一地去觀想放鬆，何能免於導引的嫌疑呢？

用意識去導引，只能導引浮脈！

還有一點，用意識去導引氣脈，只能導引「浮脈」而已！至於較深沈的脈，唯有靠禪定功夫，才能逐漸調理。所以用意識去導引的脈相，只是假相罷了！

那何以現代人，卻多以之爲眞呢？因爲浮脈反而比較敏感，似乎更易掌握、也更可靠。現代人之所以偏向於「次第禪觀」，說穿了，也只是用世俗的思考方式，來作爲審定「自己修行是否進步」的標準。

貪多嚼不爛，欲速則不達。

因此現代人修行，很難避免兩種偏端：一是貪多嚼不爛，二是欲速則不達。

貪多嚼不爛，就是學了太多方法，北傳的學、南傳的也學，淨土的學、密宗的也學。反正有機會學，都不放過。至於到時候，要用哪一套，看因緣再說。其實到時候，一套也用不上，就因爲貪多嚼不爛。

欲速則不達，就是希望在短時間內，即能確認自己修行有進步、有效果。而在短時間內，就能感受效果的，大概都屬氣脈的覺受。且氣脈的覺受，又多是從「守竅」與「導引」的方法中求得。

其次，氣脈的覺受，也很容易用「自我暗示」的方式呈現出來。而自我暗示的形成，又跟「次第禪觀」有很大的關係。因爲它很明確地告訴你：第一會怎樣，第二將如何。所以只要稍有心力，便能將它變現出來。

因爲這種方式，能在短時間內即體驗到效果，很多自恃聰明的人，紛紛拜師學藝，而風行於一時。如前所謂「葛印卡」的禪法，以及「妙天」的禪法等，都是從覺受中而論功夫的。

欲速效，便難免落入「他力」與「覺受」的窠臼中。

如果只於覺受論功夫，我認爲還不是最嚴重的。最嚴重的，是「他力」的附身。台灣有很多氣功，我認定：與鬼神有關。因表面上練的那幾個招式，能有什麼功效呢？但實際上，卻很有受用，爲什麼呢？

因這些動作本質上是一串密碼，就如軍隊裡的「口令」，或電腦裡的 password。你密碼一打，就驗證你是屬於這團體的人。於是鬼神就與你「通電」，所以本來不可能有的覺受，竟都有了；甚至本來不可能有的能力，也都有了。於是愈練愈有感應，愈練愈有信心。時間久了，就漸漸被他們控制住，到最後身心會不太穩定。若警覺到而想脫離，往往難以回首是岸了！這就像吸毒，最初不經意地染上了，到最後要戒也難！又如加入幫派，最初似得到一些方便，到最後卻狼狽不堪！

何以發心修行，卻落得如此下場？因爲正見不足啊！我們要知道：修行的要務，是去除我慢和貪瞋癡。而很多人卻是以貪瞋癡慢的心態來修行，或貪圖覺受，或以各式各樣的方式，證明自己是有善根的、是有體驗的。

心既向外求，要不落入魔境也難！所以當用「向內攝、向內消」的知見來修行，才能遠離魔境。

中脈

我們繼續講一些跟「中脈」有關的反應。事實上這些現象，對大部分人目前來講，眞是還早得很！因一般居士能專精禪修的時間不多，所謂「一天打魚，十天曬網」，坐了很久，連任督二脈都無反應，更何況什麼奇經八脈和中脈呢？

但既然開講了，就得把它講個清楚，不管哪時候才用得上，都沒關係。也許五年、十年後，你才覺得慶幸：還好當時已聽到這些觀念，所以現在才不會迷惑跟混淆。

在佛教中（密宗）有談中脈，而《內經》中卻未論及。

前已提到，不同的見地、不同的修行法門，脈相也會有對應的差異。

在佛教的密宗裡，有講到中脈。但是中國的《黃帝內經》，卻未說到中脈；甚至道家的典籍裡，也都未論及中脈。何以故？前已提到：不同的見地、不同的修行法門，脈相也會有對應的差異。而中脈，只有見性開悟的人才會有。一般凡夫、外道，再怎樣修，也修不出中脈。

現在有很多人為了證明：道家也講中脈、《內經》也講中脈，故把沖脈當成中脈。其實這兩個，根本就是天南地北，毫不相關！甚至印度瑜伽所謂的中脈，也不是真正的中脈。

所謂「中」：不落對立，不偏兩端；故中者，即是無分別智。因此唯有「明心見性」，才能開通眞正的中脈。

何以中脈只有見性開悟的人才會有？首先得定義：何謂「中」？不落入對立、分別。而一般凡夫、外道，既存我見，即不能不落入「能所」的對立、分別中。心是能見者，境是所見者，而分別這是我的，那不是我的。

而既落入對立、分別中，即難免因取捨而「偏端」！因此用世間法修行，即不可能證入中道。而不能證入中道，即不可能開通中脈。甚至雖用佛法的知見修行，但未達這樣的證量，也是沒辦法開通眞正的中脈。

因此唯有「明心見性」，才能開通眞正的中脈。在密宗裡，也有類似的說法——開通中脈就等於開悟了。

用觀想、持咒、導引等方法，不可能開通眞正的中脈，故我對密教的「破瓦法」，一向抱著質疑的態度。

可是密宗裡，又有以「觀想、持咒、導引」的偏方，來打通中脈。事實上，觀想、持咒、導引本質上都是在「能所對立」的境界中，怎可能開通眞正的中脈？

各位或許曾聽說：在密教裡有所謂的「破瓦法」，修成之後，頭頂能透氣，甚至還可插入吉祥草之類。於是以修成破瓦法，就等於開通中脈；而開通中脈，就能往生極樂世界。事實上，修破瓦法既不可能開通中脈，開通中脈也與是否往生極樂世界無關。

到後來，這破瓦法愈說愈神奇，不只自己修了能往生極樂世界，還可以幫別人修，超渡他到極樂世界去。人都死了，還有辦法幫他打通中脈嗎？

就眞正的中脈而言，即使眞見性開悟而開通中脈，事實上，也不會有「通或不通」、「中或不中」的分別。因爲眞正的中脈，是屬於心法的中脈，而非覺受的中脈。

偏中之脈

若用觀想、持咒、導引等方法，頂多能開通偏中之脈；因是偏中之脈，才有種種覺受。

世間所謂的中脈，如印度瑜伽所說的，屬於偏中之脈。而用觀想、持咒、導引等有爲法來疏通的脈，也是偏中之脈。因屬偏中之脈，才有覺受。然而若有覺受的脈障已疏通了，要再用心法用功，才能較無障礙。

以密教的修行次第，大致是先處理脈障，才用心法用功——修「大手印」和「大圓滿」之類，而得見性開悟之結果。而在此之前的修法，一言以蔽之，曰「前方便」！故在方便道裡，不離種種覺受。

一般認爲：中脈，下起會陰，上至梵穴（百會）。如南北高速公路，除了寬廣、平坦外，最重要的是有很多「交流道」，能與省道、縣道銜接。

中脈，一般的說法是：下起會陰，上至梵穴。會陰，位於身體最底端，即前後陰過渡處。至於梵穴，位於頭頂最上端，中醫稱之爲「百會穴」。

若中脈只是一條單向的脈，就像一個管子從腹下直插到頭頂，就沒什麼作用！譬如台灣南北向高速公路，如果只是南起鵝鑾鼻，北到基隆，就無任何意義了！高速公路，除了寬廣、平坦，能開得很快外，最重要的是有很多「交流道」，能與全省其他省道、縣道銜接，才能發揮它快速、大量的運輸功能。

同理，中脈，也類似於全身的高速公路，能夠快速大量地運送「精、氣、血」等。故應有種種「氣輪」，以便與全身其他脈道銜接。

瑜伽所謂七輪：海底輪、育樂輪、臍輪、心輪、喉輪、眉心輪、頂輪，都有「交流道」，故能與中脈銜接。其中又以育樂輪、心輪、眉心輪，更爲明確——道家稱爲下、中、上三丹田。

瑜伽認爲，全身上下共有七個氣輪：海底輪在會陰處、育樂輪位於生殖器附近、臍輪、心輪、喉輪、眉心輪、頂輪——就是梵穴。即是與中脈的銜接處。

既然中脈也是屬於縱脈——上下之脈，會有很多「橫脈」與中脈銜接，也是想當然爾！所以台灣的高速公路，不只有很多交流道，也有很多「東西向道路」的轉折處。因此，前面說到：事實上，我們身上的帶脈，絕非只有一條而已！

就公路的興建，多是先有縣道、省道，再有高速公路。就全身氣脈的疏通程序，也是要先將周邊的脈都疏通好，才可能再疏通中脈。

大白傘蓋

在密教裡又有《佛頂大白傘蓋陀羅尼經》，大白傘蓋陀羅尼，即類似楞嚴咒。而楞嚴咒不只很長，而且可細分爲五會；這五會，疑與五輪有關。

下面我們再提到，在密教裡有一部經名爲《佛頂大白傘蓋陀羅尼經》。在密教裡，以「大白傘蓋」爲名的經典其實蠻多的。在這部經裡有一個咒很長，經過學者對照，發現與楞嚴咒很相似。

楞嚴咒不只長，還可細分爲五會。爲什麼是五會呢？可能與瑜伽所謂的五輪有關。

問：那爲何又是五輪而非七輪呢？答：若七輪都通了，就不用再持咒了。

楞嚴咒，即是全身——從五輪至中脈的梵音。

這原理我以前曾說過：持咒，其實是蠻科學的。因爲以科學的講法，每種物品都有它「共振的頻率」，因此脈中的每個穴，也有它對應的「脈音」。於是順著脈向，將各穴的脈音串起來，即成爲一個咒。所以咒持多了，便能以「共振的效果」而疏通脈障。因此，持咒還是要持本音。而非像某些人講的——誠則靈，音念錯了，都沒關係。其實音念錯了，共振效果就差了！

所以，大白傘蓋的咒或楞嚴咒，很可能就是從五輪而銜接中脈的脈音。持多了，有助於疏通全身周邊的脈和中脈。

大白傘蓋，即是從中脈直上，外延十六脈而下的脈相圖。

如以我的覺受，用「噴泉」作比喻，或許將更明瞭。

剛才講到：在密教裡，以「大白傘蓋」爲名的經典其實是蠻多的。爲何多以「大白傘蓋」

爲名呢？如前所說：全身周邊有十六條脈，而中脈則在中間。因此中脈，就像傘柄；而十六條脈，則像傘分開爲十六片。

根據我的覺受，用「噴泉」作比喻，或許將更明瞭。我們看噴泉，都是從中央噴上去，噴到頂後，向四面延伸而下落。從中央噴上去的，即似中脈；至於向四面延伸而下落的，則爲周邊十六條脈！用白傘蓋作比喻，還比較是靜態的；用噴泉作比喻，就很明確是動態的。

另外，就我的體驗而言，中脈的流向，也不是從下之會陰直上梵穴的。而是以心輪爲中心，一端往上，一端往下。這加起來，就跟心臟的管道鑾類似。往上一端，到頭頂後，再外延下落。往下一端，亦到會陰後，再外延上升。

卍字的由來

於是下落的脈與上升的脈，在心輪間互相交匯成「渦流狀」，竟與佛教的卍字有些相似。且這卍字，如用流體力學來思惟，應不是直角，而是像風扇般地爲渦流狀。

進一步思惟，既然胸前是這個樣子，背脊中應也是這個樣子。何以故？前後對稱。所以這些境界，都跟氣脈有關，沒有那麼神秘。

須彌山與阿耨達池

佛教裡常講到「須彌山」，究竟在何處呢？用現代的地理學，其實很難斷定；但就禪修的體驗而言，須彌山其實就是你的頭頂！何以故？頭頂，就世間人而言，即是宇宙的中心。至於「日月常圍繞須彌山」，日月即喻指雙眼！「山頂爲地居天」，若以身體的部位而言，頭部屬天道。

其次，有些經典又說有「阿耨達池」，位於大雪山之北，香醉山以南，又稱爲「無熱惱池」。但阿耨達池，是否就是岡底斯山旁的聖湖？如就禪坐的體驗而言，阿耨達池就是梵穴！因爲若梵穴已通，就能得「一切放下自在」的體驗，故稱爲「無熱惱池」。

甚至如何從阿耨達池中，流出四大河呢？就氣脈的覺受而言，氣上百會後，先外延成四大脈：即前面的任脈，後面的督脈，與左右兩邊的維脈。然後再分支成十六脈。所以佛教的天文學、地理學，跟氣脈的覺受甚爲一致。

拙火上升與醍醐灌頂

醍醐灌頂，疑與「松果腺」的內分泌有關，清涼透骨，輕安寂靜。

最後再談密宗所謂的「拙火」，拙火在《內經》裡稱爲「命火」。它平時不太明顯，但在男女性交的活動時，就會有拙熱的現象。但一般人的拙熱，僅止於丹田以下。而用禪坐將相關的脈疏通了，「拙火」則能上升至頭部。

道家也有類似的說法，即所謂「還精補腦」。精，當是指內分泌而言。如現代醫學也已證明：性腺的賀爾蒙跟頭部的內分泌，是能互相影響的。

就禪坐的覺受而言，拙火若上升頭部後，會連帶產生另一種被稱爲「醍醐灌頂」的覺受。故拙火上升，在密教裡又稱爲「日菩提」；至於醍醐灌頂，則名爲「月菩提」。日以形容拙熱，月以形容清涼。因清涼的覺受，是從頭頂慢慢下降，故名之爲「灌頂」。所以灌頂，並非別人幫我灌的，而是修到那種境界，自然就會有那樣的覺受。

目前很多科學家也對這些過程發生興趣，他們認爲：這和松果腺內分泌的開發有關。一般人的內分泌腺裡，松果腺是無作用的。爲何無作用呢？因爲一般人的脈，多通到眉心而已！再上的部分就不通了，故無作用。但若禪坐，坐到也把松果腺的脈障消除了，就能得到醍醐灌頂的覺受。不只全身清涼透骨，且心裡輕安寂樂，好似證得解脫了。所以很多講法，其實是可以貫穿的，因爲身的覺受與心的調伏，互爲緣起。

對以上的說法，傳統的禪者還會不屑地說：都是外道見啊！否則爲何中國禪宗一向不扯這些問題？爲何原始佛教也始終不談這些現象？事實上，在原始佛教裡，已講到「安那般那」的修行法門。

安那般那

念於內息，念於外息；覺知息長、息短；
覺知一切身入息、一切身出息，覺知一切身行息。

「安那般那」的修行法門，比較類似隨息法。後人將之整理成十六個步驟，稱爲十六特勝。**1.** 念於內息。**2.** 念於外息。念，就是觀照，專注地觀照著內息的存在、內息的變化；專注地觀照著外息的存在、外息的變化。所以它不是只觀照外息——鼻端的呼吸而已，也觀照內息。至於內息在何處呢？氣脈漸疏通了，才慢慢能感受到。

3.覺知息長。**4.**覺知息短。關於呼吸的變化，描述得很簡單，只說息長和息短。事實上，變化是變多的，如「八觸」中，即有痛、痒、冷、煖、輕、重、澀、滑等。且息的變化與脈的通調，是相輔相成的。

5.覺知一切身入息。**6.**覺知一切身出息。**7.**覺知一切身行息。如果是胸息和腹息，就能覺知其出入的途徑。至於胎息，則是用全身的毛細孔來呼吸，故稱之爲「身行息」。

覺知喜，覺知樂；覺知心悅，覺知心定；

覺悟無常、斷、離欲、滅。

若脈障漸疏通了，呼吸很平順，便能感受「喜、樂」。呼吸愈來愈平順，妄想也愈來愈微少，故能覺知「心悅、心定」。然而從看呼吸而調脈，以至於覺心喜樂、輕安、寂靜，其實並非佛法的特勝。因爲任何外道，只要禪坐久了，都能有這些變化。

到最後，要覺悟「無常」，氣息的變化是無常的，生命的變化也是無常的。於是因覺悟無常，而能「斷」除執著。既執著已斷，即能「離欲」。而離欲，就能「滅」苦、「滅」生死。所以，能覺悟「無常、斷、離欲、滅」，才是與佛法相應，而證得解脫道。

四念處

修安那般那，也可以與「四念處」銜接。南傳的內觀禪，尤注重四念處的修法。

觀身不淨：脈障顯現時，更體會身之不淨。

在禪坐調脈的過程中，身體有種種不舒暢的覺受，不管是痠、痛、痲、癢、悶脹、振動等。我們就可以體會：這個身體實在有夠討厭的，求它不要痛，它還是在痛；叫它不要動，它還動個不停。

若問：這些現象從何而有？因爲業不淨，所以身不淨；因爲身不淨，所以才有各式各樣的脈障，一關過了又一關。所以「觀身不淨」，我認為不需要特別去觀不淨相，因為在禪坐當下，就能感受到太多的不淨相了。於是從觀身不淨中，而能放下對身體的執著。

現代南傳的內觀法門，與其說是「觀身不淨」，不如說是「觀身受法」。且常刻意作動作，然後再去觀。既刻意作，即是有心。以有心為因，而想證得無常、無我的體驗，豈非南轅北轍？

觀受是苦：調脈過程中，實苦多樂少。

禪坐多年了，也很清楚：禪坐時，苦多樂少。不只妄想多，身體也會有很多折磨與掙扎。那「觀受是苦」對我們有什麼幫助呢？很多人就是為求得快樂，反而更痛苦！如果心裡因早已認知痛苦且能接受，反而不會那麼痛苦。故觀受是苦，是要我們對苦樂的現象、苦樂的覺受，都能平淡視之。心既無罣礙，即與解脫道相應。

觀心無常：妄想紛飛中，更體認心識之無常。

這當然更明確，我們禪坐時，心都在妄想紛飛，剪不斷、理還亂，很容易體驗它是無常的。那「觀心無常」對我們解脫又有什麼幫助呢？有時候當下覺得很喜歡，而過一段時間後，竟不喜歡了。所以不需要爲現在喜歡，而拼命去爭取，可能還未爭取到，就已厭煩了。同樣，有時我們覺得很討厭，而過一段時間後，又不覺得討厭了。所以不要被當下的情緒所左右，而跟著它轉。因這些都是虛妄的，任它來、任它去，心裡就無罣礙了！

觀法無我：這一切變化本末，有誰在主導嗎？唯法爾如是。

妄想紛飛，是誰在想呢？一般人都說：是我在想。既是你在想，則你要它不想，就能不想嗎？未必！所以不是我在想。而那些氣脈的變化，是誰在主導呢？當然不是我！是其他人嗎？也不是！這一切，只是因、緣、果，不斷地激盪、變化，就像河流一般，從前浪推後浪。看透這些變化，既不是我在主導，也非我所能主導。於是才能萬般放下，一邊涼快。

因此在禪修的過程，我們努力地克制妄想，期心入定。這反而才是邪見，因爲還想作主啊！如果甘脆說：要打妄想，就隨你去打好了，反正都跟我沒關係。這時候，它反而不打了。

爲什麼？因爲無我，就沒什麼妄想好打的。

以上，不管是修安那般那，還是修隨息法，最後都要能與「四念處」相應，才是佛法。尤其要切入「觀法無我」，才能證得解脫道。

周利槃特迦

佛愍我愚，教我安居調出入息。我時觀息，微細窮盡，生住異滅，諸行剎那。其心豁然，得大無礙，乃至漏盡成阿羅漢。

於隨息法中，兼有調脈的功能，卻非修「安那般那」才有的功德。甚至在《楞嚴經》中有所謂「二十五圓通」，其中就有一圓通，是周利槃特迦所修的。

周利槃特迦天生駑鈍，所以一個偈誦，教了下句，上句已忘了；再教上句，下句又忘了。故一個偈誦，學了三個月還學不來！後來佛就教他於安居中調出入息。

「我時觀息，微細窮盡，生住異滅，諸行剎那。」只是看著呼吸的變化，愈看愈細，愈變愈奇。到最後「其心豁然，得大無礙。」這是什麼意思呢？應該是能覺悟這些生住異滅、諸行剎那，其實不出無常性、無我性而已！於是因見性開悟而得大無礙，乃至「漏盡成阿羅漢」。

也就是說：雖然最初只是調出入息，調到最後，也能證得阿羅漢果。

觀相見性

從脈相的變化中，覺悟其無常性、無我性與空性；以見性故，能出離放下，便相應於解脫道。

因此，詳觀這些脈相變化的過程，其實並不重要。因爲更重要的，是要能從脈相的變化中，覺悟它的本質——就是無常性、無我性。否則，今天這麼變，明天那麼變，好像霧裡看花一般，永遠摸不著頭緒。

既已覺悟那是無常、無我，便不需擔心，也不需操控。所以是否爲外道？不在於知或不知氣脈的變化，而在於我們用什麼知見、什麼心態，來看待這些變化！能從觀相、見性，而出離放下，便相應於解脫道。

安那般那，爲原始佛教二大禪修法門之一。雖於安那般那中，只覺知息的變化，未言及脈的通調，而事實上，息的變化與脈的通調，爲一體的兩面。

在原始佛教中，主要有兩種禪修法門：一是安那般那，一是不淨觀。不淨觀，依我個人的看法，其實也有調脈的作用。因爲初觀皮膚的變色，次觀肌肉的腐爛，然後觀筋斷了、骨散了。這一個接一個層次的觀法，有將氣「內攝」的作用。內攝到最後，氣能從入骨髓，而打通中脈。所以說：心的調理與脈的通塞，是相輔相成的。

問：安那般那只是觀氣息的變化——有長、有短、有內、有外，而未明言有正經、奇經、中脈等脈相？

答：事實上，息的變化與脈的通調，本就是一體的兩面。故脈不通，息就不會有什麼變化；反之脈通，息才有變化。所以雖述及脈相，與原來的修法並不相違。

對氣脈的認知，非但不妨礙解脱道，反而有助於解脱道。如俗話說：「水可載舟，水可覆舟。」

花了這些時間說明有關氣脈的變化，對某些人來說，這些覺受或許會增長身見。就像現代人太過度講究營養衛生，也是增長身見的。

但從另一個角度來看，若能從無常性、無我性去認知氣脈，反而有助於解脫道。因此，是否相應解脫道？不在氣脈本身，而在我們有沒有正知見。就像俗話說的：「水可載舟，水可覆舟。」是載舟？還是覆舟？但看我們怎麼切入！

不知道的不執著，與看透後的不執著，有著天淵之別。

很多學佛人，未碰到境界前，滿口不執著；但等碰到境界後，卻比誰都執著。

最後講到不知道的不執著，與看透後的不執著，有著天淵之別。很多人學佛不久，就口口聲聲教別人不要執著；但等碰到境界後，卻比誰都執著。因此，執不執著不是光用嘴巴說的，而是勘驗過了、磨練過了，才能眞不執著。

對氣脈的覺受亦然。如在氣脈的雲霧裡穿梭了一段時間，再告訴你其本末終始，則因爲清楚了，才能眞無罣礙。否則，能勸人不執著，本身未必能不執著。

總之，花了這些時間來講氣脈，是爲了消除執著，而非增加執著。最後我們再回歸禪宗的心要。

打牛與打車

開元中有沙門道一，在衡嶽山常習坐禪。師知是法器，往問曰：「大德坐禪圖甚麼？」一曰：「圖作佛。」

師乃取一磚，於彼庵前石上磨。一曰：「磨作甚麼？」師曰：「磨作鏡。」

一曰：「磨磚豈得成鏡邪？」師曰：「磨磚既不成鏡，坐禪豈得作佛？」

一曰：「如何即是？」師曰：「如牛駕車。車若不行，打車即是，打牛即是？」

一無對。

這是禪宗很有名的祖師馬祖道一的公案。他最初非常喜歡禪坐，非常認眞禪坐。「師知是法器」，他的師父南嶽懷讓禪師知道他在修行上是能有長進的，所以特別去探訪他，且問他：

「你這麼認眞禪坐，爲求什麼？」

馬祖道一說：「就是想作佛啊！」聽了很感動嗎？未必！下面再看：於是懷讓禪師就去找來一塊磚頭，故意在他庵前的石頭上磨。於是馬祖道一問：「你這樣磨來磨去，到底要做什麼？」懷讓禪師答：「我要把它磨成鏡子呀！」

馬祖道一說：「那才奇怪了，磚頭再怎麼磨來磨去，也不可能磨成鏡子呀！」懷讓禪師答：「既然磨磚不能成鏡，那坐禪就能成佛嗎？」一般人都認爲要禪坐參禪，才能頓悟成佛，爲何他還問：坐禪就能成佛嗎？

一日：「如何即是？」若禪坐不能成佛，那請告訴我：要如何才能成佛？師曰：「如牛駕車。車若不行，打車即是，打牛即是？」我們說個比喻好了：像牛駕著車，如果車子不動了，你是打牛，還是打車呢？

一無對。相信大家都知道：應該打牛，而非打車。

這公案就講到此爲止，下面是另一種解碼方式。

就心法與氣脈而言，心法如牛，妄識如車，脈相如車上所載之物。

懷讓禪師所要闡述的是：只用修定方法來鏟除妄識，是沒有用的。因爲眾生未見性，不知眞心所在，妄識才會不斷地湧現。就像河流源頭未塞住，而只是不斷地在下流舀水，舀了一輩子水還是不斷地冒出來。又如用石頭去壓草，短時間似乎有效，但只要稍一放鬆，草馬上又長出來了。

所以很多人修行，都修得心煩氣躁，因唯恐草又長出來了。事實上，禪修眞有成就者，當是輕鬆自在，因爲那些草早就連根拔除了，不用石頭壓也不會長出來。因此要從明心見性中，自然化除妄識。而非妄識不斷湧現，再拼命用修定的方法抵制它。故懷讓禪師的原意，是見性才能成佛，非禪定而能成佛。

心法如牛，妄識如車；故要打牛，而非打車。至於脈相，則是車上所載的物品。何以故？如前所謂：因有這樣的業識，才變現成如此的脈相。

所以學佛修行，當以調心爲首要。就是以正知見，調伏我們的妄想雜念；以正知見，疏通我們的脈障，這一點是完全正確的。因此原始佛教和中國禪宗，皆從不奢言氣脈的問題。但若從另個角度來看，則別有洞天。

然而打了牛，車是行，還是不行呢？

當然打了牛，牛既動，車即隨行。而非打了牛，牛狂奔去了，車還原地不動。

因你不能說：「打了牛，只有牛動，而車子仍不動！」因牛動，車也跟著動。故心法通，脈也一定跟著通。因為它們本來就是相輔相成的。

很多人卻以為：只要調心，不必管脈。事實上，若脈還一成不變，表示調心功夫也是有問題的。是可以不用去調脈，但它還是會跟著改變的。可是傳統的講法，就很容易讓人誤以為：只要打牛，不要打車，故車子動不動都無所謂。

甚至從另一個角度來看：如果車子不動，是因輪子卡住了，或掉到水溝裡了。那你拼命打牛，車還是不動呢！這時候，我們就要先調理車。所以法無定法，不要以為：打牛就行，車子好壞都不用管它。有時候，你得先處理車子的問題。

理通則心通，心通則脈通，脈通而體通。

故以正知見為基礎而調脈，則能事半功倍。

因此，對具善根者的學佛次第是：

1. 理通則心通：學佛首先得從聞思中，覺知佛法的理，也就是宇宙的理。理如果通了，心也就跟著清朗、平順。過去因不瞭解這個理，所以心有很多迷惑、情緒等心結——即心未通。如理既已釐清，再用這理來調伏不順的心結，心才能慢慢平下來！

2. 心通則脈通：因爲心有結，所以脈跟著窒塞。心若通已，脈也就跟著順暢了。

3. 脈通而體通：脈既通已，最後體也能跟著通。體通除了身體健康外，還能表現出一些特殊的功能。像經典上所謂的五神通。

故以正知見爲基礎而調脈，則能事半功倍。

雖說調脈，其實是不調，默照而已，甚至照不照都無所謂。

因爲默，就是無我；既證得無我，何需再管它脈通不通呢？

然如何用正知見來調脈呢？正知見，即無常、無我。故雖說調脈，其實是不調，默照而已。默照是覺知有這樣的現象而已，而不再去導引或期待。要從「性」上，去看待這些現象；

而不從「相」上，去看待這些現象。若從相上去看，就變成凡夫、外道。

因此我開宗明義即曰：所謂隨息，就是默照而已。默照它的變化，甚至「照不照」都無所謂。因爲默照的重點，在於默，不在於照。爲什麼呢？因爲默，就是無我。能從無我的角度去切入，則脈通不通都無所謂。就是因未證得無我，才有這麼多放不下的。

我曾經說：一個禪修者，並不需要知道這些氣脈變化的過程。因爲如果有信心，一鼓氣直坐下去，知不知道都無所謂。碰到狀況，繼續坐，反正捱過了，就沒事。可是很多人一碰到異常現象時，心裡還是毛毛的，得爲他澄清、擔保，他才敢繼續坐下去。

我師父以前曾說：學禪的人要有「大憤心」！就是碰到逆障時，要有孤注一擲的決心與勇氣。如果畏首畏尾的，一碰到逆境，馬上就退轉，不敢再坐，那麼就永遠都在原地打轉。所以修禪的人，個性都是比較陽剛的，碰到逆障時，才能堅忍到底、勇往直前。

對於氣脈的種種，我個人也是捱過之後才清楚的，而不是清楚之後再去坐。所以你們不清楚，也沒關係。然而若如剛才所說：車子不動，是因車輪被卡住了，那得先處理車子的問題。否則，把牛打死了，車子還不動呢！

如中醫所謂：緩則治本，急則治標。

若脈障嚴重，心法用不上，便以調脈而爲前方便。

在中醫的論症治病中，有一個大原則：「緩則治本，急則治標。」如症狀不嚴重而有充裕的時間，則應做根本的治療，這稱爲「緩則治本」。反之，若症狀已很嚴重，則應馬上治標，這稱爲「急則治標」。譬如瀉肚子，如瀉得很厲害，再瀉個兩三天就會死翹翹，這時不管腹瀉是什麼原因，一定得先止瀉；瀉止後，才做根本的治療。

同理，就心法與脈障而言，是以心法爲本。故常態的學佛修行，是從佛法的正知見著手。然若業障現行、脈障嚴重，就得先調脈、消障，然後再回到正知見的程序中。

3
止妄

止的原意

息止一切造作與妄想。
凡俗之人，卻非欲止即能止。

首先講到「止」的原意，就是息止一切造作與妄想。造作是指比較粗重的身業和語業，即身體所做的或嘴巴所講的。至於妄想，則是比較細微的意業，即心中所浮現的感覺、思惟、判斷或抉擇等雜念。

對於止息，如果能夠想停就停，欲止即止，這問題就簡單了。但事實上，我們都不能想停就停，欲止即止。很多人雖然上班時覺得辛苦、忙碌，但等退休了，又覺得無所事事而更難過！

一般人的心，還是習慣去抓著一些對象，才能安心。所以雖想息止，要有方法、次第，才能漸漸息止。

繫緣守境止

天台《小止觀》中，提到修止，略有三種：

一者繫緣守境止——所謂繫心鼻端、臍間等處，令心不散。

天台智者大師於《小止觀》中，提到修止有三類典型的方法：第一類稱爲「繫緣守境止」，即是把心專注在一個對象、一種境界上，而能漸止息妄念。前述的數息、隨息，即屬此類型的方法。

「**所謂繫心鼻端、臍間等處，令心不散。**」是將注意力安置在身體中特定的部位，譬如眉心、鼻端、臍間、丹田等處。其實我個人不太贊成用這樣的方法，因爲如將注意力安置在身體的任何一個部位，便會有「氣血集中」的後果。

譬如將注意力安置在眉心，氣血便會偏集於眉心，而造成上重下輕的狀況。反之，如將注意力安置在臍間，則下重上輕。這就氣血的分布和循環而言，反而造成不平衡。若短時間爲了對治某種症狀，還無可厚非；但長時間使用，必對身體的健康有不良的後果。

專注於數息、隨息、誦經、持咒、念佛等，亦皆屬於「繫緣守境止」。以制心一處，而止息餘妄念。

就廣義而言，繫緣守境止是把「緣和境」當做對象，而將心專注在此。譬如數息，前已說過：當將注意力集中於數字上，而不是呼吸上。因爲是數字，就不會因著意於身體的某個部位，而有「守竅」的偏端。至於隨息，之前也提過，我比較偏重隨內息，而非隨鼻息。因爲若隨鼻息，還會有「守竅」的顧慮；而隨內息，內息的部位會隨著調脈的過程而不斷遷移，所以不會有「守竅」之虞。

至於誦經、持咒、念佛亦然，誦經即把注意力安在經文上，持咒安在咒語上，念佛安在佛號上，都屬於「繫緣守境止」。這緣和境，既是心專注的對象，也是用來檢驗「我們心中，是否還有其他妄念」的參考點——這即是數息法中兩列火車對照的比喻。簡單講：以制心一處，而止息餘妄念。

二者制心止——所謂隨心所起，即便制之，不令馳散。

第二類「制心止」的方法，即是說：如警覺到「心中正在打妄想」，一旦發覺了，就馬上截止，而不讓妄想繼續打下去。這方法似乎很簡單，其實不然。

三者體眞止——覺悟隨心所念一切諸法，悉之皆從因緣生，無有自性；若心不取，則妄念自息。

第三類方法是「體眞止」。關於體眞止，後面還會詳細解釋。簡單講，如能覺悟到眞理，則隨眞理而現的一切境界，便都是眞的，包括我們所謂的妄念，其實也是眞的。但若未覺悟，則會被它所騙，而成爲妄念。

覺悟後，一切皆眞。即無所謂當止或不止的問題了。

制心止

不再把心專注在任何方法或對象上，
而只是用心內觀，如察覺到心有任何念起，即截止之。

制心止，只是把心內觀於：「我們心中，是否起了妄念？」而不再把心專注於任何對象上。最初，我們是一面數息，一面反觀。既順著呼吸，數一、二、三、四；也反觀看是否起妄念？剛開始對妄念的覺察力比較差，過了很久，才察覺到自己在打妄念。然而訓練久了，即可在妄念一起的當下，即覺察到。

若用「制心止」的方法，即不再數息、隨息，直接內觀妄念。因爲經前述的訓練後，我們對妄念的覺察力，比以前敏銳很多。甚至不需要再把心安置在任何對象上，而可直接用心內觀，就能檢點：「我們是否在打妄想？」如發覺在打妄想，就馬上停止而已！

時機

既然任何專注的對象，本身都是妄念，那都不用，豈非更直接？於數息和隨息中，已用到氣息微弱，而不方便再用時。

在什麼時候，才用這種方法呢？前面說過，每種方法本身，其實也都是妄念。若是較複雜的方法，則是較大的妄念與較大的篩子，無法濾出更小的妄念。那如果一切方法都不用，又怎不是較小的妄念與較小的篩子呢？就制心止而言，還非得一切方法都不用；但對一般人而言，這「作意去觀」已是最細微的方法了。

另一種時機是：有些人用數息法，數了一段時間後，覺得呼吸愈來愈微弱，甚至到很難分辨現在是否在呼吸？或呼吸是進、還是出？有些人到此狀況後，要「刻意呼吸」，才能數息。然而刻意呼吸，第一、容易控制呼吸，第二、本身就是一個更大的妄念，因此心反而更不能安定。故改用「制心止」的方法，才可「百尺竿頭，更進一步」。

制心止的方法，簡單明瞭。但是：

1. 察覺的能力，夠不夠敏銳？

剛開始禪修的人，對妄念的覺察還不夠敏銳，常打了很久的妄念，才發覺到。而經禪修的訓練後，便當對妄念的覺察能敏銳些，可以在打妄念的當下，就察覺到了。甚至功夫更好的，可以在將打妄念之前就覺察到了。何以故？因爲妄念將動之前，都會有一些徵兆，故能在徵兆形成時，就將妄念煞住！

我曾用一種比喻：就像我們初看到水中有氣泡，然後氣泡慢慢上升而浮出水面，最後才「啵」的一聲變成浪花。變成浪花，有如妄想已現行；至於氣泡乍現，即是徵兆。若能在氣泡乍現時，即將它截止，便不會冒出水面而現成妄想。這是說到：我們對妄念的覺察力，是否夠敏銳？

2. 對妄念的判斷，是否嚴謹？

一般人對於粗妄想，都還確認那是妄想，至於細妄想則不然。譬如對外界的覺知，對身體的感受，反省到功夫用得好、不好，這些也是妄念，但很多人就不認爲它是妄念。甚至只意識到「我在用方法」也還是妄念！

若對妄念不能勘察得很細，用功到某種程度就無法繼續提升了。甚至有些人，禪坐到一半，因想到幾句佛法，就覺得很感動。就方法而言，只要離開方法，就是妄念！哪有什麼可感動的呢？

所以我們須把妄念的粗細，觀照得明明白白。因爲只有將妄念，像剝芭蕉似地層層剝盡，心才能眞定。

有念皆妄，無有非妄念者。

所以在此方法中，不會有「什麼是妄念，什麼非妄念」的問題，因爲有念，皆妄。所以也不必用「漸修禪觀」的層次，來審視自己已到什麼層次？

因此下面這個問題，其實也無意義。「若察覺有妄念時，當去除妄念；至於無妄念時，當如何？」既無妄念，哪還會有這個問題呢？既有念皆妄，即有念當捨。捨之又捨，待妄念剝盡即成定。

3. 能否一覺察到妄念，妄念即能自止？或尾大不掉如蒼蠅，驅之復來？

功夫好的人，當一察覺到妄念，妄念馬上消失！就像晚上作夢，既警覺到「我在作夢」，當下即醒過來！然有些人剛好相反，如在夢魘中，雖奮力掙扎還是醒不過來。

若已察覺到妄念，但妄念還是停不下來，像蒼蠅一般，驅之又來。這表示修止的功夫還不夠，即是用「制心止」的時機尚未成熟。

故前三項，若用之不力，即表示修止的功夫尚差，得再回到「繫緣守境止」中去練習。待功夫純熟了，才堪用「制心止」的方法。

體真止

如前所謂「有念皆妄」，只是對治方便，而非眞諦。

否則，如佛之說法，豈非也是妄念？

如前所謂「有念皆妄」，故我們不必再去分辨什麼是正念？什麼是妄念？反正只要看到「有念」，便皆掃掉而已！其實，這只是對治方便，而非眞諦。

因爲既然佛菩薩當爲不同的眾生而說應機的法，這爲眾生說法者，當是有念，還是無念呢？其實既不能說有念，也不能說無念，但至少不會無所覺知、無所反應。

若對外界的覺知，便是妄念，則佛陀豈非也打妄念？因此，我們得進一步去釐清：如何是妄念？如何非妄念？

如《六祖壇經》云：

著境生滅起，如水有波浪，即是於此岸。

眾生的心都是隨著所攀緣的境界，而產生貪愛、瞋恚、是非、取捨等情緒，這即是「**著境生滅起**」。像水因風、因河床而起波浪，大浪、小浪，甚至漩渦、瀑布等，這即是於此岸之眾生。

離境無生滅，如水常通流，即名爲彼岸。

下面這句「**離境無生滅**」，並不是當離開境界，心才能安平；而是當不被境界所轉，心即能安平。如何是不被境界所轉？雖覺知而不起情緒。「**如水常通流**」，水是要讓它流動的，但流得非常平順，而無任何波浪，此「**即名爲彼岸**」。

在佛法上有所謂的「等持」，即心與物能完全平衡。或問：「在什麼狀況下是不平衡的呢？」第一是境界在變化，但心不覺知，這即是昏沈、無記。第二是心中異想紛飛，但與境界不相干，這即是妄想、雜念。心都像蹺蹺板一般，不是偏向這邊，就是偏向那邊。

等持，是境界變化，心即覺知；或心念一動，境界隨即反應。故「**如水常通流**」，不是不覺知，而是沒有妄想、雜念！既對境界能清楚了別，又不會產生情緒的波動。

並非將水堵塞不流，既不覺知，也不反應，才能至彼岸。

將水堵塞不流，即類似築壩的方式，用壩把水硬擋住。於是擋得愈久，壓力愈大，到哪天擋不住了，水就奔瀉而下，反而泛濫成災。所以用「防堵」的方式是不可能解脫的，甚至會將問題累積得更誇張、更嚴重。而這關鍵，在於對「妄念」的認知不同！

所謂妄，非有念便妄，而是「作意」成妄。

因所謂妄念，不是有念即妄，而是「作意」成妄。何謂「作意」呢？此「意」，即是指第七之末那識，而第七識就是自我意識。故從我見、我愛而起的分別意識，即稱為作意。

例如我們在打妄想的當下，一定認為「是我在打」。腿痛時，也一定會確認「是我的腿在痛」。所以這個「我」，在任何動心起念當下，都會起現行的。所以作意，並非須「刻意」去造作才有，而是眾生從生下來以後，經常都是存在的、經常都在現行的。

在唯識學認為：我執又分兩種，一是「分別我執」，這是經過錯誤的思惟，或邪知邪見的熏染，才形成的我執。一是「俱生我執」，是從生下來就存在的。包括低等動物，也是有俱生我執的，所謂「螻蟻尚且偷生」，即是俱生我執的作用。

因為「我執」現行，所以我們在見聞覺知當下，總會再區分：我是能知者，而境是所知。

能、所對立，心、物隔絕。

而作意，若再區分，還有「作」與「受」的不同。

關於作意，如果我們再詳細分析，還有「作」與「受」的差別。例如：我打人——這是「作」，我被人打——這是「受」。有時候，是我們刻意去聽什麼聲音，這是「作」；有時候是聲音太大了，不聽也不行，這是「受」。所以，我執雖時時刻刻在起現行，但表現於「作」和「受」時，還是不同。

以爲內在中，有個「能作」者，故能見、能聞、能知、能覺，能打妄想。這「能作」者，即是主動。

首先講「作者」，我們都認爲：內在中有一個能作者。例如想看時，眼睛一睜開就看到了，是誰指使要眼睛睜開呢？是「我」，一般人都這麼想。同樣，聽聲音亦然，好像我們可以控制：要聽前面的聲音，或後面的聲音。在見聞覺知的過程中，都覺得：內在有個主控者、操作者。包括打妄想亦然，不管打了多少妄想，總是「我」去打的。

「作者」，在經典上比喻如國王一般，能事事主宰。既能控制著我的六官，也能控制著外在的情境。

反之，若以爲內在中，有個「能受」者，故成見聞、覺知之作用。這「能受」者，即似被動。

反之，也以爲內在有個能受者。如天氣變冷了，我們即可覺知。甚至有的地方很臭，我們也無法將臭的感覺關掉。所以這能受者，似是被動。

總之作與受，皆不出「我見」與「我慢」的現行！「我見」，是認定有個與眾不同的我。「我慢」，雖不見得認定自己比別人尊貴，但至少得維持自我的尊嚴。這「我見」與「我慢」，是非常深細的。

然而，非眼即能見，非耳即能聞，而是具足眾緣故，得成見聞。如唯識學所謂：九緣生眼識。九緣爲：**1.**明，**2.**空，**3.**根，**4.**境，**5.**作意，**6.**根本依，**7.**染淨依，**8.**分別依，**9.**種子。

這從「能作、能受」而形成的「我見、我慢」，如何爲「妄」呢？其實非眼即能見，非耳即能聞。例如大殿外的景觀，因爲被牆擋住，所以就看不到了。同樣把燈關掉，也就烏漆抹黑什麼也看不到了。有的人因色盲，而看不到某種顏色。甚至死人雖眼睛還在，卻看不到了。我們睡著時，也是看不到的。所以，不是有眼睛就能看。同理，也不是有耳朵就能聽。

而是「種種因緣具足」故，眼才能看，耳才能聽。所以唯識學分析，要具足九種因緣，眼才能產生「了別」的功能。這九緣，詳細地說：第一是明緣，即要有光明。如於晚上，又不開燈，便會因太暗而看不到。第二是空緣，即沒有阻隔。大殿外的景觀，因牆阻隔，即看不到；若無阻隔，才看得到。第三是根緣，就是要有眼睛，且官能是正常的。第四是境緣，即被看的對象。第五是作意，就是心注意到了，否則就會因心不在焉，視而不見。

第六是根本依，即藏識，我們看到後，能分辨它是蘋果或梨子，這牽涉到過去的觀念。第七是染淨依，即前所謂的末那識。第八是分別依，就是指第六識。最後有種子緣，種子與根本依，似乎有點重疊。所以要具足九緣，才能產生眼識的作用。至於耳識，則少一樣，不需要「明」。

眾緣未具，雖作意欲見，而不能見。

若眾緣具足，雖作意不欲覺知，而不能不覺知。

因此，「具足眾緣，得成見聞覺知的作用」，以此破除「眼即能看、耳即能聽」的執著。事實上，眼即能看、耳即能聽，即意謂「我即能看、我即能聽」。

是以若眾緣未具，雖心欲見，而不能見。如晚上天黑，以未具明緣，所以雖想見，仍見不到。或有一物，被裝在盒子裡，以不具空緣，所以也看不到！

反之，若眾緣具足，則不能不覺知。如外面很吵，影響到我們看書、思考、禪坐，你能全不受影響嗎？大部分人是做不到的。同樣，肚子很餓了，你能要它暫時不餓，等回到家後，再好好賞它嗎？不！腿還是餓得發軟。甚至禪坐時，你能要它不打妄想，即不打了嗎？不！它還是妄想紛飛呢！

所以內在中，根本沒有一個能掌控者。因爲一切都操之在因緣的聚散中，因緣具足了就成形，因緣不具足就烏有。頂多說這「四大五蘊的我」只屬於因緣中的一小部分而已！

以上從「眾因緣生法」的理則中，即可體認「本來無我」！

以上從眾因緣生法的理則來分析，即可肯定「本來無我」！「眾因緣生法」，是說一切存在的現象，都是從和合各式各樣的因緣才有的。譬如我們的身體，既從父母生下後，又得透過各式各樣的飲食補給營養才能成長；得避過各式各樣的危險與禁忌才能安然無恙。所以這身體的存在，很明確是眾因緣生法。

其次，我們心理所能想的，也不是自己憑空思考的，而是在種種教育、種種社會暗示，或種種成長的經驗中，慢慢形成這樣的觀念與心態。所以個人的觀念與心態，也是眾因緣生法。

所以內在中，那能孤立、主導、掌控的我，從來就未存在過。所以要理會「無我」，從眾因緣生法的理則去分析，最容易入門。而且，無我是眾生本就是無我的，而非修行到最後，才轉變成無我。故「將本來無我，惑爲有我」，即是「無始無明」。

以無我故，內在之作意者本不可得。
於是，因作意而成的妄，亦不可得。

既然眾生本就是無我的，那我們一向認爲「內在有掌控者和作意者」，亦本不存在。所以如果說，妄，是作意成妄，現在作意者既不存在，妄即不可得。

例如打妄想，是誰在想呢？最初認定「是我在想」，所以稱爲「妄想」；經過分析，則知「是由很多因緣，共同促成這想法的現起」。於是從因緣所生法去看，一切皆非妄想！何以故？有因有緣，是法現；無因無緣，是法盡。妄想既非我打的，亦非我能決定其去來。從這個角度去看，問題反而簡單多了。

既無妄可得，豈非一切皆眞了！故諸法本眞，非覺悟、證得後，才爲眞。因此對於一個覺悟者而言，這世界本來就是眞的。因爲覺悟前是因緣所生法，覺悟後也是因緣所生法。只是覺悟前，自以爲了不起，忙著搞東搞西；而覺悟後，就一切隨順因緣了。

從「衆因緣生法」的觀點來看，既無妄可除，亦無眞可求。

於是，既體認得眞諦，還需去止息妄念嗎？

從因緣所生法來看這個世界，既無妄可除，也無眞可求。然而衆生就是習於用「二分法」看世界，於是有眞有假、有愛有恨、有取有捨，每天忙得不可開交。如果一切看淡了，反而覺得沒趣。就像看水，或者看瀑布奔瀉而下，或者看急流、漩渦，或者看驚濤拍岸，才夠壯觀，才夠刺激。若是平緩直流，便沒什麼好看的。所以很多人寧可辛苦煩惱，也不願解脫——解脫後，豈非太單調了？

而一旦覺悟後，想要再去愛恨分別，大概也不容易了。就像因爲把草繩看成蛇，所以有的人忙著打蛇，有的人忙著逃走。一旦看清楚，它只是草繩！還需忙些什麼嗎？

於是既然一切都是眞的，還需再去止息妄念嗎？過去很用心覺照，妄念一起馬上除掉，不斷地起，又不斷地除，每天都很精進。其實根本不需要去除它，因爲只要能覺悟到：既是因緣所生法，即非妄念！

既無妄念可得，當無妄念可除，一切安於當下而已。

而既已安於當下，又有何妄念可打呢？

問：「如不除妄念，難道讓它繼續打下去嗎？」答：「其實不會的！」

雖然「體眞止」本質上，無所謂「當止或不止」的設定，但事實上，體眞之後，還是會趨向止的。因體眞後，一切安於當下，而既能一切安於當下，還有什麼妄念好打的呢？

我們就是因不能安於當下，才會千般計較而打那麼多妄想。明天要怎麼應對，後天要怎麼賺錢……想很多很多。如果想：隨便啦，反正船到橋頭自然直！反而沒什麼妄想可打的。甚至船到橋頭直不了，就死了隨它去！那就更沒妄念可打了。

其次，眾生是因「有我」，而百般計較、千樣妄想。若已覺悟無我，則又爲誰妄想、計較呢？

小結

總之，於體眞止中，主要是止妄，而非止念。

若悟妄性本空，則不止自止，不除自除。

「體眞止」，主要是止妄，而非止念。不是當斷除一切念頭，而變成跟石頭一樣，什麼都不分別，什麼都不反應。如此只是愈學愈愚癡，而非愈修愈有智慧。那妄當如何止呢？其實妄，本來就不存在；但得透過覺悟，才能確認它本來不存在。

從因緣所生法的理則去思惟，則內在中作意、掌控的我，本不存在。於是妄性既消失，妄念即不復起。像火一般，若不再加薪，不久便熄滅。所以不用刻意去滅火，只是斷然不再加薪而已！如此即能不除自除，不止自止。

這不當只是修定的功夫，並且是慧觀的成就。

以慧來成就定，才合乎「八正道」的修學次第。

事實上，這樣的修止功夫，不是修定的成就；而是從正知見去調心，而得觀慧的成就。關於「從慧來成就定」，首推「八正道」。八正道的修行方法，即是從「正見」入手。

正見就是先給我們一個明確的方向，故建立正見後，即可消除很多的妄念。甚至正見本身，就是一種鑽深的定力，因爲在生命過程中，即可減少很多的徬徨猶豫。

因此以慧來成就定，才是佛教正確的修行方法。然而很多行者，雖有心修行，卻對正見未有較深的理會；於實修時，更不會將正見應用於方法中。所以常理歸理、用歸用，兩者如雙頭馬車，各走各的，而不易成就。

嘴巴講的是佛法，實修時修的是外道法，這在佛教裡，是非常普遍的現象。問：先用外道法修定，再轉成佛教的正見，行嗎？答：雖可，但太迂迴了。所以直接從正見切入，才能事半功倍。

4
觀慧

觀的原意

對現象的觀察、思惟和體悟。
以能如理觀察、如理思惟、如理體悟故，與解脫道相應。

觀，是智慧門。前述的「體眞止」，也當屬於智慧門。而智慧，首從「觀」入門。如何從觀入門呢？

觀的原意，是對現象的觀察。我們從生下後，即透過眼、耳等感官，而對種種內在與外在的現象，作各式各樣不同角度的觀察。但只是觀察還不夠，還得整理出一些原則，才能以簡化繁。

因此從觀察、整理，到最後能覺悟更高的道理，而一以貫之，則更能以簡化繁。再以此理來修身養性，待人接物，便能「與解脫道相應」。故觀，最重要的就是須「如理」相應。

何以眾生也是不斷地觀察世間現象，卻不能入智慧門呢？

因一向帶著無始無明的邪見，故不能入諸法實相。

然而眾生從生下來，就不斷地觀察與整理，何以不能與解脫道相應呢？因爲我們從生下來，就帶著無明的邪見。恰如一生下來，就戴著有色的眼鏡，於是所見現象都是雜染的。故再怎麼觀察、思惟，也不可能與實相相應。

以無始無明故，終不能離於「常、樂、我、淨」四顛倒。從生到死、從前世到來世，皆是如此。

而無明的邪見主要是指「常、樂、我、淨」四種顛倒。關於「常、樂、我、淨」四種顛倒，大家學佛以來已聽多了，故不再詳述。

因眾生從來就帶著無明邪見，而來觀察世間，故再怎麼觀察，還是不能如理相應，還是在煩惱生死中打轉。雖有一些人很認眞地想突破，但因無明的窠臼太深了，所以很少人能突破。

事實上，在釋迦牟尼佛以前，根本沒有人曾突破這些窠臼。

而學佛後，以佛法的正知見，重新觀察、思惟，
才能得三法印、四念處之體認。

今天我們有幸能親近三寶，能聽聞佛法的正知見。然而正知見，不光是聽聞而已！還得透過正知見，對周邊的現象作重新的觀察與思惟，才能如理相應，而將「三法印」與「四念處」落實於生活中。

也就是說，要透過佛法的知見，重新去觀察世間的現象，才能將佛法落實於生活中。否則，便會理歸理、事歸事，而無法運用自如。

關於「三法印」，即是「諸行無常，諸法無我，寂靜涅槃」。

三法印

諸行無常。

除外在現象是無常的以外，內在身心的變化也是無常的。而在種種無常的變化中，並沒有誰在掌控、誰在主宰。所以能從諸行無常，進一步體驗到無我。

諸法無我。

既然一切都是因緣所生法，則內外皆無能單向主導、操控者。故內在中即無我，外在中即無神。

寂靜涅槃。

何以能寂靜涅槃呢？既是諸行無常，我們對未來就不敢有太多的期待。既不存希望，便不會失望。故不管現象怎麼變化，我反而能去接受它。而在接受的當下，心即安平寂靜！

同樣，過去認為：我能主宰。所以內在要規劃，外在要掌控，常忙得不得了。現在既覺悟：一切都是因緣所生。就隨它去，而當下無事！

故寂靜涅槃，不是境界上的安平不動。而是心態上，既一切能放下，也一切能涵容，故證得寂靜涅槃。

四念處

觀身不淨，觀受是苦，觀心無常，觀法無我。

在原始佛法裡，進一步修觀，所謂「觀身不淨，觀受是苦，觀心無常，觀法無我」。觀身不淨，主要是對治眾生對「身見」的執著。關於不淨相，我不細述。然以不淨相對治之後，是爲證得「出離性」。何謂證得「出離性」呢？即放下對「身見」的執著，而非另執個「不淨相」。

同理，觀受是苦亦然。以觀苦而對治眾生貪樂、求樂之執著。故對治之後，得「捨受清淨」，而非常執爲「苦相」！至於無常、無我，則如前述，皆以證得「寂靜涅槃」爲究竟。

以下，引用《雜阿含經》的經文，說明如何正觀五蘊？

正觀五蘊

色無常，無常即苦，苦即非我，非我者亦非我所。如是觀者，名眞實正觀。

這是在〈五陰相應〉中的一小段經文，頗能作爲代表。先透過對色的觀察。廣義的色，包括一切心所見的對象，即六塵皆屬之；至於狹義的色，則爲六塵中的色塵！

既然一切色相都是無常，而無常，即是苦。苦有逼迫性，有不安定性，有不確然性。於是在苦的當下，即證明眾生本來無我，因爲無法掌控，所以不得不苦。

「**非我者亦非我所**」，內在中既不存著一個能掌控的我，外在中當就沒有附屬於我的形體。「**如是觀者，名眞實正觀。**」這和「無常、苦、無我、非我所」的理則相應，才是如實的觀察、如實的思惟，以及如實的體認。

如是受想行識無常，無常即苦，苦即非我，非我亦非我所。

同理，再去觀察受想行識，也不出「無常、苦、無我」的本質。於是既然無我，豈有「我所」呢？用這樣的角度去觀，才既與智慧相應，也與解脫相應。下面再引用另一部經：

觀色如聚沫，受如水上泡，想如春時燄，諸行如芭蕉，諸識法如幻。

「**聚沫**」即是水在流時，因波浪盪漾而產生的泡沫。這些泡沫乍起乍滅，起落不定。而觀察一切色塵的變化，也像聚沫一般，乍起乍滅，幻化不定。

「**受如水上泡**」，我們的覺受和情緒，也像水上泡一般，乍起又乍滅。上一念，還衷心歡喜；下一念，即惆悵不已。本來很期待的物品，才拿到手，想法卻已幻滅。今天的冤家，哪天或許將又成爲合作的夥伴！

「**想如春時燄**」，我們自以爲：能匠心獨運地創造出很多新奇的想法，而這些想法，分析到最後，也不過是種種因緣所促成的。「**諸行如芭蕉**」，同理，意志與抉擇，分析到最後，也如同剝芭蕉一般，內實無心。「**諸識法如幻**」，總之，一切意識的變化，皆隨於緣聚緣散中，幻起幻落！

周匝諦思惟，正念善觀察，無實不堅固，無有我我所。

在對色受想行識的變化，不斷地深入觀察後，才確認它們本質上都是虛幻、不堅固，無我、也非我所的。

下面再看另一部經：

云何七處善？比丘！如實知色、色集、色滅、色滅道跡、色味、色患、色離，如實知。

「**色**」，廣義是指一切現象，狹義則指此色身！「**色集**」，去探究色是如何生起的？外由種種因緣和合而生起，內則因對身見的執著而延續。這「**色、色集**」，即相當於四聖諦的苦諦和集諦。

「**色滅**」爲苦的消除。「**色滅道跡**」是透過八正道的修行而能滅苦。「**色味**」是指對色的執著和愛染。「**色患**」，既對色產生執著和愛染，一旦它無常變化了，我們的心就會因割捨不下而有煩惱。「**色離**」，一旦覺悟執著、愛染爲煩惱的根源，即立願去消除愛染和執著。

以上「**七善處**」，大致是描述「**從色味到色離**」的心路歷程，相當於四聖諦的修行次第。

如是受、想、行、識（亦）如實知。

同理，受想行識亦如此。從受味、受患到受離，想味、想患到想離等。能從如實知，如實修，到如實證。

聖弟子如是觀者，厭於色，厭受想行識。厭故不樂，不樂故得解脫。

「**厭故不樂**」，這「**厭**」，不是討厭的意思。如果是討厭的話，就由「貪著」的這邊，而掉入「瞋恚」的另一邊了。「**厭**」是指出離、放下。

這「**樂**」，也不是快樂的樂，而是貪戀、執著之意。既能出離、放下，即不再貪戀、執著。「**不樂故得解脫**」，以不再貪戀、執著故，就不會隨之而起煩惱了。

解脫者眞實智生：我生已盡，梵行已立，所作已作，自知不受後有。

這是在《雜阿含經》裡常出現的經文。主要是說：因透過對現象的如實觀察，故能體認「無常、苦、空、無我」的道理，到最後能消除一切愛染執著，而證得「不受後有」的境界。故所謂「觀」，不只要能如實觀察、如理思惟，且要能如實體證，才與解脫道相應。然很多人講到「觀」時，卻說觀是「思惟修」，其實光思惟是不夠的，因爲還不能體證。必待最後能證得解脫道，才能稱爲「觀慧」。

這是第一部分，講到《雜阿含經》裡對五蘊的如實觀、如實知、如實證。雖較簡略，卻更直接。

緣起觀

原始佛教，偏用遮詮——否定句，很容易讓眾生偏執於另一邊，即消極無爲，頑空斷滅。若用緣起觀，則無此弊端。

因原始佛教偏用遮詮，就是否定句，譬如「無常、苦、空、無我」，故眾生很容易偏執於另一邊。本來執著、貪愛的，變成一切放下、不管它。這不是中道，而是消極無爲、頑空斷滅。雖當下也無煩惱，可是對理的覺悟，卻不夠透徹，故非圓滿。

後來的大乘佛法把原典佛法再作一番整理，而統合出「緣起觀」。事實上，緣起觀在原始佛教就講了，只是不夠深入。緣起觀能統觀空有，所以就是中道觀。故用緣起觀，就不會有從這邊而掉到另一邊的弊病。

緣起觀，即是觀「眾因緣生法」。

種種不同的因緣和合，對應有千差萬別的果報現形。

何謂緣起觀呢？還是這句話：從「眾因緣生法」去觀。因爲種種不同的因緣和合，即對應有千差萬別的果報現形。這常用的比喻就是種子發芽。

種子的發芽、生長和開花，也都是果的現形；而非待果實成熟後，才名爲果。

而不同階段的果，是受種種緣的促成與牽制。

譬如種子的發芽、生長，和開花、結果。種子雖有了，但種子無法自己發芽。故把種子放在玻璃罐裡，放個三年、五年，它還是不會發芽的。如把種子埋在土裡，它也不一定會發芽。有些種子要在適合的溫度下，才會發芽，所以有的要到春天才會發芽，有的要到夏天才會發芽。如溫度夠了而溼度不足，也不會發芽。發芽之後，還要有足夠的營養，才會慢慢長大，以至於開花，甚至結果。

故從種子發芽、開花到結果的整個過程，都是因緣所生法。其中任何因素變動，所長成的樹木、所開的花、所結的果就會有很大的差異。如同一棵果樹，向陽面結的果，跟不向陽的味道就差很多。至於施肥的技術，品種的改良，也有千差萬別。

一般人講到因果時，很容易把種子當因，直到結成果後，才名之爲果。事實上，種子能發芽，即是一種果；而發芽後，再經營養、陽光等輔助而讓它生長，故生長也是另一種果。所以果本身，是連續存在而變化的，而不是到最後才成果！

俗話說：「善有善報，惡有惡報，不是不報，時候未到。」這種說法，是有瑕疵的。因爲事實上，時時刻刻都在報，只是不同的因緣，會有不同的報法而已。故種子雖裝在瓶裡，也不是不報，只是變化較小而已！然積少成多，如放個五年、十年都不下種，種子可能就壞掉了。

既然任何一法都依存於緣中，而緣又時時刻刻在改變，故諸法即不能不無常而遷化。故不能說「不是不報，時候未到」，時候無何謂到不到，只是變化量有大、有小而已。且變化量的大小，由緣來決定。如緣的力量很強，變化就很大，譬如水淹火燒；如緣的力量弱，故覺得沒變化，但事實上，還是有變化的。

所以不同階段的果，是受種種緣的促成與牽制。促成是幫助它，讓它形成；牽制是不讓它形成，或只能往某方向去變化。事實上，科技上的種種創新突破，也只是在因緣法中，一些被人廣用的特例，還是不出「眾因緣生果」的大原則。

在因果的學說中，既非「因中即有果」，也非「一因生一果」。
而是無窮的因，加上無窮的緣，而有種種的果。

俗話說：「種瓜得瓜，種豆得豆。」但很多時候，卻是種瓜不得瓜，種豆不得豆。爲什麼？半途死掉了。爲何半途死掉了呢？因爲沒有對應的緣。也有時候不是死掉，而是變種了。所以若是「因中即有果」，那下種後，就可安心等收成；而不用施肥、除草，不用擔心它中途變種、死掉。但事實上，卻不是這樣。

故因果，既在不同的階段，即有不同的果，也會單一的因，即生成很多的果。譬如一個老師，可同時教很多學生。所以因果，事實上，是無窮的生因，加上無窮的助緣，而有種種的成果。

傳統上輾轉相傳的「因果故事」，都有「因中有果」的嫌疑。雖對某些人而言，還有教化上的方便；但對另一些人而言，反而形成入道的障礙。

於因緣中，可說：主導者爲因，助成者爲緣。

於眾緣中再比較分析，則可以說：主導者爲因，助成者爲緣。在諸緣中，有些因素的主導力量比較大，有些只是輔助。像種子發芽，因種子的主導性較強，所以基本上種瓜是會得瓜的；而水分、陽光、溼度、營養等，只是助成的因素。

然而若碰到一個更強的緣，譬如水淹火燒，這植物就死掉了，而不能種瓜得瓜。所以哪個是因，而有主導性，卻非既定的。成長的過程中，無法確認將來會碰到哪些緣，變數是非常大的。不像某些人所講的：今天會見面，是幾生之前就註定的。從因緣觀來看，反而沒什麼是已註定的。

亦可說：過去者爲因，現在者爲緣。

在因緣中，也可說是：過去者爲因，現在者爲緣。從無窮的過去所累積下來的力量是很大的，故現在相對地就較渺小。所謂：「江山易改，本性難移。」本性難移，是因爲慣性的力量很大，但如決心去改，還是可以改變的。因爲本性是空性。

及心識者爲因，物境者爲緣。

就修行而言，下面這更重要：心識者爲因，物境者爲緣。在現實的世界裡，很多人只注意到物質的世界，而沒想到其實物質的世界，是經過心識的覺知、認識、統合、抉擇才現形的。故心識的因更重大。

就修行而言，主要是從心去啓修，而非從物去修。物境的修行，科學家已做得很多，但績效有限，因爲，心仍未覺悟。

破邪見

因緣學說中，既非宿命論，非神祐論，非偶然論，也非自由意志論。

在因緣所生法的學說中，能破除很多邪見：

1. 非宿命論：如果認爲是「因中有果」，就很難避免宿命論，而相信既然過去的因都已造了，那這一生會有什麼果，都是註定的。但事實上，因要加上緣才會有果。故過去的因，雖已造了，但今生我要加上什麼緣，還能去抉擇。所以雖信因果，而能不落入宿命論。

2. 非神祐論：就算有神，也無法施福給你、無法降禍給你。因爲福禍的因，既是我造的，相關的緣，也都是我去親近、促成的。

3. 非偶然論：有的人爲何天生聰明？有的人爲何天生駑鈍？是概率嗎？不！這不是概率的問題，也不是因爲分配不均！而是聰明、愚笨都有其因緣，所以不是偶然的。如果是偶然的，就什麼也不用努力，什麼也不用負責。

4. 更重要的是非自由意志論：現代的人我執都很重，都認爲一切可自己作主，甚至「人定勝天」。但事實上，人能作主的事太有限。過去的因已經造了，而不能消除；現在會碰上什麼緣，也無法完全掌控，所以，根本就沒有自由意志。而沒有了自由意志，視野反而能開放些。

既不能不受過去因、現在緣的牽制影響，
也非只受過去因、現在緣的牽制影響。

故因緣觀，能對我們的生命產生不同的啓發：第一，既不能不受過去因、現在緣的牽制，即無所謂自由意志。第二，但我們還是可以透過思惟、透過抉擇，而決定要親近哪些緣？要迴避哪些緣？故在不斷的努力與促成中，能慢慢改變因果的流向。

必從廣結善緣中，改變命運，塑造未來。

善緣包括福業，以及慧業（淨緣）。

所以在佛教裡，要我們從「廣結善緣」中去改變命運。善緣，包括世間的福德和出世的智慧（淨緣）。

福業是指做利益他人的事、利益眾生的事。於是以善因、福緣，而能有善報。但如只是修福積善，那還不夠，因爲若無智慧，終究只是有漏的福而已！故進一步需要慧業，也就是修智慧，而智慧要從聞思正見入手！

若讓人算命算得很準，卻是因當事人沒出息、不修行，故不能從「廣結善緣」中改變自己的命運！爲何算命者公認修行人的命是不好算的？因爲在不斷的修行中，命就不斷在改變了，如何是區區「八字」所能斷定的呢？這是講到從緣改變我們的未來。

然而何者才是善緣？這必深入甚深緣起法界，方能得知。因爲「因緣果」的變化非常微妙，甚至是不可思議。如在食物裡，只要加上一滴毒藥，就可以毒死人。也有些人病得要死，卻只扎一針，即又復活。所以緣起的世界非常廣泛、深細。

菩薩觀緣起甚深

一切世間的學問、技術，也不過是在說明：諸法緣起的差別相。

經典上說「菩薩觀緣起甚深」，緣起的道理，本質上不會太深；但是緣起別相的變化，卻是無窮無盡的。尤其在這資訊時代，各式各樣的學說、各式各樣的技術，不斷被創造、發掘，更匯流成知識的大海！

事實上，這些技術、學說，只是「因緣果報梵網」裡的一小部分。所以瞭解緣起法，即可掌握一切世間學問、技術的總綱。總綱扣住了，再從這區間跨到另一區間，就容易了！所謂「隔行如隔山」，是因爲只在細目中打轉，而悟不到總綱。若悟得總綱，則像得到一把鑰匙，對於哪個區間、什麼學問，只要有心，皆能很快深入。

所以過去的國師，可以上通天文，下通地理，什麼都懂。而今卻只能嘆「隔行如隔山」，因爲「從天觀井易，以管窺天難」。

所以在《法華經》上提到：「**唯佛與佛，乃能究盡諸法實相**。」何謂「諸法實相」呢？就是瞭解到因緣網的「**如是相、如是性、如是體、如是力、如是作、如是因、如是緣、如是果、如是報、如是本末究竟等**」，就是因緣變化的各種理則！

現在有很多人忙著作實驗，實驗什麼呢？甲物，如加上乙緣，會有什麼變化？加上丙緣，會有什麼變化？不斷地實驗，然後把這些因緣變化的細則，有用的留下來，就成新的科技。所以，一切世間的學問、技術，不出因緣的大網中。

回顧我個人之所以能學佛、出家，主要是受此緣起思想的感化，一個至簡單的原則，卻能收無不盡、用無不竭，甚至世間、出世間法，皆不出其掌中！如孔子所謂：「吾道，一以貫之。」唯有緣起法，能受之無愧！

> 緣起觀非空非有、不常不斷，既不執兩端，也不離兩端。
> 故能消除一切眾生的偏見、邪見，而與解脫道相應。

緣起觀，既不落空，也不執有。為何不執有？因為任何一法，只要其中任何因素起了變化，它就不得不變，所以非實有。但是有因有緣，它還是如幻現起，所以也不會落入頑空。

在《中論》裡，將「**不生不滅**、**不一不異**、**不常不斷**、**不去不來**」謂爲「八不中道」。故從緣起觀裡，才能掌握中道的知見，看任何事情都能不離兩端、不落偏端。

而眾生大部分都是落入偏端中，如「常見、我見、自性見」等爲偏一邊，如「貪、瞋、慢、疑」等也是偏一邊。因爲偏一邊，所以才會有煩惱。若能從中道——不是中間的中，而是從不離兩端的中去看，心反而才能維持在平衡的狀態中，這才與解脫道相應。

傳統修定的方法，常教我們得「閉六根、關六情」，不攀緣，不管它。然這種修行方式，視野既變得比較封閉，知見就難免落入偏端。於是雖精進修行，往往只淪爲壓抑和孤陋！尤其在這個時代，想封閉也封不了，想克制也壓不住，於是愈修行，愈艱苦。

如要將佛法落實於生活中，緣起觀應該是最直截了當的。

若能從掌握緣起的總綱來觀世界，心反而能更開放、更清明。因看到整體，反而不會偏到任何一端。看得愈遼闊、愈清楚，心也愈安定！這種修行方式，才能與現實生活充分結合。而傳統的修行方式，都是教我們先跟現象脫節，然後去修個什麼東西來。修到最後，就算有點小成就，也無法應用到生活中。

所以從學佛以來，影響我最深的即是緣起觀。往上能與解脫道相應，往下也能落實於生活中，因爲一切修行、生活，皆不出因緣果報而已。故愈能深入此梵網，理事愈能更圓滿，放下的話，也能更直截了當。

然要理會緣起觀的總則，雖不會太難，但要深入緣起別相，還得透過各式各樣的知識管道和人生經驗。所以過去有人說：「自學過《楞嚴》後，再看世間法，都像糟粕一般。」對此話，我深不以爲然。

因爲對我而言，反而是學了緣起觀後，對世間各式的知識、技術，更有興趣、更有能力去深入。因爲再怎麼深入，也不過是緣起觀的枝末而已！過去有信徒曾問：「法師，我對緣起觀雖能理會，可是面臨生活時，爲何卻用不上呢？」我說：「你別相的智慧還不夠。」所以要以因緣果報的總則，深入現實生活的情況中，才能有別相的智慧。譬如人事的問題，你怎麼看待？衣食住行的需要，你如何處理？能深入每種緣起，然後能應用自如，這樣的佛法，就非常實際了。

以上緣起觀，就簡單講到這地方。要眞正深入的話，得「活到老、學到老」，因爲世間、出世間法，皆不過緣起觀而已！

唯識觀

前既述：心識者爲因，物境者爲緣。故一切法既非主觀的，也非客觀的。

因此人與人間，既非全同，亦非絕異。

前面說：心識者爲因，物境者爲緣。所以一切境界，既不是主觀的，也不是客觀的。爲何不是主觀的？因爲還是有物境的存在。爲何不是客觀的？因爲心識是主要的因。

既然心識不同，兩個人之間要多麼相知，便是不可能的。從這個角度來看，每個人其實都很寂寞——因爲沒有任何人能眞正瞭解你。但從另一角度來說，既然人與人間，還是有很多共通的緣，所以要全然地隔絕或封閉，也不可能！

所以人與人間，既非全然地同，也非絕然地異。能同者，算慶幸；不同者，視爲平常。則於待人接物中，就不會過於貪著或瞋恚。

尤其於眼識九緣中，心識者占五，
故諸相的變現，雖非純內識者，但心爲主導。

在形成眼識的九種緣中，心識占了五個。哪五個呢？作意、根本依、染淨依、分別依、種子。而物境只占四個，所以心識是境界現起的主要原因。這一點我的看法與「唯識學」有些不同。唯識學認爲：一切境界都是心識所變現的，即使是山河大地，也都是心識所變現的。可是心識，如何變現出汽車、電腦、原子彈等？這就很複雜了。但如果說：物境雖有，但心識占更大的比例。這樣與現實較接近。尤其物境，是共業所現，也是我們個人無法去示現的，這就更貼近事實了。

所以不同的觀念、不同的行爲模式，對應有其所屬的世界與遭遇。

所以每個人會生活在怎樣的世界裡、會碰到哪些人、會有什麼遭遇，都是自己的觀念和行爲模式所引招來的。譬如悲觀者與樂觀者的視野，全然不同。我們常聽到的案例是，有個蘋果爛了一半，悲觀者就會惋惜：爲何蘋果爛了一半？樂觀者則會慶幸：至少還有一半沒爛掉呢！

我也聽過這樣的故事：有一製造鞋子的公司，派了兩人到某地去考察，看那邊的商機如何？第一個回來即說：「完全沒有指望！因爲那地方的人，根本就赤腳而不穿鞋子，所以鞋子絕對賣不出去。」這是悲觀者所見。而第二個回來卻說：「大有指望！因爲當地根本無鞋可穿，所以我們可以獨攬市場。」這是樂觀者所言。爲何看到當地人不穿鞋子，一個看到的是商機無限，一個看到的卻是絕無指望呢？因爲業識不同之故。

人是爲誰辛苦、爲誰勞碌呢？

目前的心理學家，亦多重視情結與投射作用。

從這個角度來看，雖然很多人都說：這個社會很殘酷、很現實，這也是自己過去的業因及現世的種種行爲所造成的處境，能怪誰呢？

目前的心理學家也都注意到：眾生有種種情結。而這些情結，是從小時候的一些遭遇和記憶所熏習成的。現在不只追溯到從小的記憶，甚至可追溯到前生的記憶，與佛法所說的三世因果，更相應了！

所以人是爲誰辛苦、爲誰勞碌呢？爲自己嗎？其實也不是純然爲自己，而是爲無明、業障！所以就某種程度而言，我對貧窮、困苦之人，未必抱以太多的憐憫。因爲很多事情，追究到最後，也不過是自作自受！

當然就慈悲的心態，我們也願意去協助他。而協助，是改善他的因，而不是代受他的果。否則，今天剛補這個孔，明天又扯出另個洞，永遠幫不完。而協助改善因，是從建立正知見著手。

會修行者，多將問題內在化，如古人曰：「行有不得，反求諸己。」

不會修行者，卻多將問題外在化，常一味地怨天尤人。

會修行者，要將問題先「內在化」。碰到逆境時，不要埋怨：都是別人害我的！都把問題丟給我！於是只能怨天尤人，苦上加苦。反之，若認爲：是因爲我觀念的矛盾或行爲的偏差，才造成這些困境。則能如古人所說的：「行有不得，反求諸己。」知道往哪個方向改進。

所以碰到逆境，反而更好修行，因爲它提供我們一個深思反省的時機。會修行者，是將問題先內在化，檢點自己的觀念和心態。而不會修行的，即將問題都外在化，怨天尤人！

唯識學主張：「**諸境唯識所現**。」一切現象都是心識的投影，一切問題都因自己有問題。若從此而發願深入法海、轉識成智，則唯識學對我們的修行，就有重大的啓示。

故在《楞嚴經》裡提到：「**若能轉物，則同如來**。」物要怎麼轉呢？其實只是方向不同而已！一般人看到境界時，心就被境界所遷、所黏、所染，而成爲「境奴」。轉，即是反奴爲主。至於心，怎麼作主呢？不動，即爲主。

如山門邊有詞云：「久客回家是主人。」客，心爲境轉，而常漂泊。主，眞心不動，光明朗照。

諸位在上三寶山靈巖寺的路邊，都會看到這一句話：「久客回家是主人。」這句話不是說：諸位既來到三寶山，即是靈巖寺的主人！若眞如此，那靈巖寺的主人也未免太多了！何謂「久客」？眾生因心爲境轉，所以都是久客——因爲心常在很多境界裡東漂西盪，故稱爲「客」。至於「主人」，是眞心不動、光明朗照。不動，不是不知，反而能光明遍照而無所障礙。

迴向功德

迴向，即是轉向；迴境向心，迴事向理，迴客向主。功德，因與解脱道相應才有功德。

在佛教裡，常說應「迴向功德」。可是這句話，就我的看法，都被錯解了。如眾人皆說：因誦經、念佛故有功德，所以將功德迴向給親朋好友，甚至法界一切眾生，稱爲迴向功德。其實「迴向」，即是轉向之意。從轉順生死流的方向，而成爲逆生死流的方向。故能迴境向心、迴事向理、迴客向主，才能逆生死流而與解脱道相應；也因與解脫道相應，才有功德。

唯識學，是用來修行的方便，而非只作名相的解析與佛學的研討。

最後，我認爲唯識學是讓我們能迴光返照，而看到自己問題所在的方便道，還是以修行和證量爲依歸。否則，如只在名相上作專研，或在佛學上演戲論，便難免捨本逐末！

前述：「行有不得，反求諸己。」於修行的根器中，只能算是第三等馬。

從緣起觀講到唯識觀，而說「行有不得，反求諸己」。行有不得，意思是在日常生活中碰到逆境。逆境，在台灣話常形容為「踢到鐵板」。等踢到鐵板，再去反求諸己，大概已傷痕累累。故就修行根器而言，只能算是第三等馬。為什麼呢？首先看，如何為第一等馬？

第一等：於理悟當下，即能消除習氣業障。

若在理悟當下，即能消除一切習氣業障，在禪宗來講，就已大悟徹底！理只有一個，無所謂高或低。因此大悟徹底，不是因為所悟的理高，而是因為在理悟當下，即能消除一切習氣業障。當下就已圓滿，而不需要再「悟後啓修」。

如釋迦牟尼佛在菩提樹下頓悟之時，當下就已成佛了。但是就一般眾生而言，卻不容易。即使如舍利弗、目犍連，於證初果後，還得再進修，才能證阿羅漢果。

第二等：於理悟後，還得不斷返照，才能消除習氣業障。

像我們從學佛、聽聞教理以來，對佛法的理論，能愈來愈清楚瞭解。但是在瞭解之後，我們身心的行爲、習慣，還是有很多不能與佛法相應。所以要不斷地返照：我們的觀念、行爲還有多少與佛法不相應的？一個個檢點、一個個對治消除，而能漸漸消除習氣業障。

第三等：於碰著逆境時，才知道當迴向。

即前面所說，待「行有不得」時，才來「反求諸己」，故屬於第三等馬。所以佛法中有所謂「逆增上緣」，即是就此根器的人而說的。

第四等：即使於逆境中，還只一味地怨天尤人。

世間人都是把問題向外看，認爲一切不順都是因老天不公平，或有人偏偏跟他作對，故意陷害他、抹黑他等。怨天尤人的結果，便是有機會就以毒攻毒、以牙還牙。目前的社會，大部分都是第四等馬，所以一翻開報紙，整篇都是毆來罵去，殺來砍去。

在以上四等眾生中，學佛修行者，當非第四等。若碰到逆境，才知道迴向，是第三等。我們希望：即使做不成第一等，至少能提升到第二等——於動心起念間，就能察覺到問題之所在，且先去對治消除。而不是等到現實中碰到逆障了，才去急救。然如何能提升到第二等呢？

何謂以不斷返照，來消除習氣業障呢？

即是對每個動心起念，都加以檢點，確認其是否與道相應？

返照主要是回顧自己的念頭，即對每個動心起念都加以檢點，以確認其是否與道相應？不管是在禪坐時所起的妄念，還是在日常生活中對人對事所起的念頭，在每個念頭起的當下，一個禪修者不只要察覺已經起了念頭，而且要分辨起的是什麼念頭？尤其這念頭，是否與正見相應？要一個個檢查。

於禪修時返觀妄念，不僅當知是否在打妄念，且還得知是在打哪種妄念。

而非一覺知有妄念，即加以截斷而已。

所以我定義的內觀法門，與南傳所教授的內觀法門，有很大的不同。南傳的內觀法門，比較注重的是身體的覺受，而我較注重的是動心起念的觀照。

這也與修定不同，修定時只要一察覺到有妄想，就馬上把妄想截斷而已；而不管打的是什麼妄想，故截斷之後，便忘了剛才打的是什麼妄想。如此，心雖愈來愈專注而無妄念；但事實上，妄想雜念只是被壓抑住，而非眞已對治消除——因爲無明和業障還在。而內觀法門，是眞正能去對治消除。

譬如關卡的守門員，對每位出入的旅客，拍照存證。於是他對來返的行客，便能明瞭無餘。

對妄念的返照，就像關卡的守門員，對每位出入的旅客，都要拍照存證。不是不讓他進出，而是每個旅客都要留下一份檔案，以便分類。如此時間久了，總共來了多少客人？是男是女？是老是少？有多少是觀光客？有多少是商務考察？就能很清楚。在打妄念的當下，先作基本的標記，等過一段時間後，再去整理分類。大致而言，我們把妄念分做三大類。

妄念的分類

一、無記的雜念

無記有兩種：第一是沒有主題的，東想一個、西想一個，前一個跟後一個根本不相關。第二是不帶情緒的，也就是非貪非瞋，屬於中性的。對於無記的雜念，不需要再處理，讓它飄過去，就放下了。

二、帶煩惱性的妄念

有主題性的妄想，妄想都是圍繞著同一主題。譬如：最近錢被別人倒了，因此要用什麼方法，才能將錢追回來？如追不回來，對我的生活、事業，會有什麼影響？或者曾在百貨公司，看了一件很喜歡的東西，可是既買不起，又放不下，怎麼辦？或者跟公司裡的某個同事相處不來，剪不斷理還亂，不知該如何再去面對？以上的主題，會引發我們貪、瞋、慢、疑等情緒，所以屬於帶煩惱性的妄想。

三、帶迷惑性的妄念

迷惑性是對某些事理不清楚，既不知產生的原因，也不知會引發什麼結果，或者不解事相爲何互相矛盾，或者想要處理卻無從下手！

在打過很多妄想後，再整理一下：屬無記的妄念有多少？帶煩惱的妄念有多少？帶迷惑的妄念有多少？然後再去分類處理。

眾生有病，佛法如藥，然而用藥，得先認病。病爲何類，主要是看你有什麼習氣業障。

眾生有病，佛法如藥，然要對症，才能下藥。對症，即先認清自己有什麼煩惱、疑惑！所以很多人你請問他：「我怎麼修行？」他就說：「誦《金剛經》，或持大悲咒！」這些都是江湖郎中，胡說八道！因爲既不瞭解你有什麼病，哪能亂開藥？不是一種藥即能治天下人的病，如果這麼簡單，天下每個人都是醫生了。

所以雖然很多人修行，能收實效者卻很有限。爲什麼？不能對症下藥！所以能碰到善知識當然最好，即能對症下藥；若碰不到善知識，就得自求多福而自己認症。

佛教於釋迦牟尼佛在菩提樹下頓悟成佛時，是一個很單純的觀念，爲何會演變成三藏十二部經、八萬四千種法門呢？主要是爲對治眾生不同的病。這就像要對「健康」下個定義，很簡單：身心無障礙，就是健康。可是要達成健康前的病理學和藥理學等，就很複雜了。

而有什麼習氣業障，是先於動心起念中現行。否則搜集得諸多的藥材、藥方，猶不得治病。

要瞭解自己有什麼習氣業障，不是請別人來看三世，看我前世是貓、是狗，還是什麼的。看了老半天，說實話，你也無法證實他說的是眞、是假？你可能覺得有點像：原來我過去是一條蛇，所以這輩子瞋心才會這麼重！

然瞭解後，又如何呢？就甘願瞋心永遠這麼重嗎？還是要去對治降伏啊！從當下的每個念頭去覺照反省，會更清楚自己習氣業障之所在。因爲習氣業障，跟瀑流一般，是連續流下來的。業障不會停留在過去，直到有一天才突然現行了。而是像河流一般，後浪推前浪地往前走。所以當下現起的，即是全部的業障，只是有些我們察覺了，有些未察覺。若能對自己的動心起念，觀照得更清楚，則對自己有什麼業障，當能更瞭解。尤其能在不同的境界中去試煉，更能從現行中去覺察。

否則聽了很多佛法，卻用不上！因爲不知道自己有什麼病。甚至有些人喜歡研究病理學、藥理學，研究得很專精，自己病得一塌糊塗也不管。那些好作學術研究者，經常就是這個樣子。

此返照妄念的觀法，尤其適用於實際生活中，面臨各式境界時。

在這個時代，因爲大家生活都比較忙，所以有人提倡生活禪，有人提倡動中禪。基本上，我都認同。但生活禪應怎麼修呢？應是在生活中，返照自己的動心起念，看是否與法相應？若不相應，即加以對治調伏。

至於動中禪亦然。動中禪最好就是到十字街頭去修，看在各式各樣的情境裡，會有什麼業障現行。記得有人曾問：「我是誰？」答以：「回去照照鏡子！」言下，大眾哄堂而笑。然所照的，並非一般的鏡子，而是各式各樣的情境。

從內觀而內攝，因內攝而內消。

所以認識自己，爲修行的起點。如實知自己有什麼缺陷，才能如法去修理他。而消融自我，則爲修行的進階。故老子曰：「爲道日損，損之又損，以至於無爲。」無爲，即是無我、無心。

所以內觀法門，是從內觀而內攝。何謂內攝？即將注意力集中於有煩惱、有迷惑之處。若有煩惱，更以參究此煩惱從哪裡來？若有迷惑，更以參究此迷惑應如何解？這即稱爲「內攝」。若內攝一段時間後，這結解了，稱爲「內消」。故從內觀而發現問題，以內攝而參究問題，最後內消才化解問題。

譬如剝芭蕉，漸剝以至空無。

而空無後，才成就於「一念不生全體現」的境界。

修行的過程，就像剝芭蕉一樣。一般人所看到的芭蕉，是一層層地向外長、向外擴張，這是眾生相。而修行卻像剝芭蕉一般，一層層地向內剝，剝到最後，才發現芭蕉竟然沒有心。沒有心，即是證得「眞空」的境界。而證眞空後，才更能成就於「一念不生全體現」的證量。

過去我師父講到禪法，常用一種說詞：「欲進禪門，必須把行李捨在門外。捨行李還不夠，也要把身體、感覺、思惟、記憶，如果有靈魂的話，也要把靈魂擱在外面。」我那時候想：「既一切都擱在外面，那到底什麼進去了呢？」

這問題一卡就是好幾年。最後我終於明瞭：既一切都放下，則哪有裡面跟外面的差別！所以禪宗的修行方法很特別，叫你什麼都放，什麼都捨，但捨到最後，卻是什麼都有了。

這是講到內觀：從觀察我們的動心起念去發覺問題，而能在未現形爲逆境前，即已對治消除。

對治觀

如何對症下藥？即用對治觀門。

傳統上所謂的「五停心觀」，即是指五種對治觀門。

前面說從內攝而內消。至於如何內消呢？就是要去對治消除。在佛法中的對治觀門，傳統上稱之為「**五停心觀**」。這名字不知是誰取的？卻有點怪怪的，因為「停」，只是「止」而已！然而若只是止，今天止了，明天又蹦出來了，如何能究竟解脫呢？故不是止，而是應當消，要消才能究竟解脫。

一、貪心重用不淨觀

傳統的不淨觀，是為對治身見——對身體的貪著。而對身體的貪著，又分為兩種：一種是外在的，即對異性色身的貪著；一種是內在的，是對自己色身的貪著。故以「觀身不淨」而對治。詳細的不淨觀，請參考《大智度論》所說。

所謂貪，非指狹義的貪色好淫，而是廣指一切貪名、貪財、貪色、貪睡、貪便宜等。故不淨觀，即是指用心於觀察因貪而有的弊端。

所謂的貪，不只是對身體的執著，而是泛指一切貪名、貪財、貪色、貪睡、貪便宜等。因此「貪心用不淨觀」，是指：用心去觀察「因貪而有的弊端」。

從客觀的角度去看任何一項——不管是人、是事、還是物，都有優、缺點。如果一樣東西，只有優點而沒有缺點，這個世界就亂了——因爲大家都搶著要。反之，只有缺點而無優點，自然被淘汰出局，而不會再出現於世。就是因爲各有優、缺點，所以世間人才各取所需！我想世間也唯有這樣，才不致爭得頭破血流。然而就個人而言，因只看到優點，而沒看到缺點，才會起貪。

就中國五行生剋的理論而言，有生就有剋，不可能只生而無剋。因此當我們起貪著時，就要多用心去發掘它的缺點——缺點是本來就存在的，而非刻意抹黑的。由於缺點愈發掘愈多，而優點卻不再增加，因此貪著的心理就慢慢被平衡了。

其次，要發掘它的缺點不是光用想的而亂貼標籤，而要深入去瞭解現實的世界。例如，看明星好像很風光，常在媒體上亮相。事實上，明星的世界是非常狹隘而畸型的，他們無法像我們這麼自在。只看到風光的一面，我們才會羨慕；看清楚狹隘、畸型的那一面，便只能敬謝不敏吧！有的人因賺錢賺得多，所以大家都羡慕；可是因錢賺多了，而兄弟失和、勞命傷身，就非外人所知了。

因此若能多用心於觀察其缺失處，即能消除貪欲。

這是理性的抉擇，而非壓抑或模擬而已。

眾生是因只見其優點，而未明其缺失，才會貪。若能用更宏觀的視野去觀察，即能消除貪欲——因爲不只見其優點，也明其缺失。因此，這是理智的抉擇，而非情感的壓抑——明明這麼可愛，卻硬教我不要貪。也非模擬造作——裝出一副很有修行的樣子。記得裝時，還有模有樣；忘記裝時，就原形畢露了。修行人，還眞虛僞！

所以是用「更開放的視野」去對治處理，而非用封閉、壓抑的方式而調伏。

二、瞋心重用慈悲觀

即指多用心於發掘被瞋者的優點。

第二，瞋心重用慈悲觀亦然。一般人會瞋，是只因看到缺失，而未見到好處。因此瞋心很重時，就要多用心去發掘被瞋者的優點，不管人、事、物都一樣。時間久了，優點慢慢顯現出來，而缺點不再增加，即能平衡瞋心！這也是用「更開放的視野」來對治瞋心。

三、癡心重用緣起觀

能深入緣起，即能成就總相智與別相智。

事實上，不管貪或瞋，其實都是癡。癡有兩種：一種是癡於理，一種是癡於情。為何會癡情呢？因為看得不夠透，才會癡情。故貪或瞋，都是因看得不夠廣、不夠透，所以才會偏端執著。因此，還是要深入緣起觀，瞭解一切法的因緣果報、性相體用、本末終始等。能深入緣起觀，即能對治癡——既對治癡理，也對治癡情。而能深入緣起，即能成就「總相智」與「別相智」。總相智，是指「無常、苦、空、無我」的特性。至於別相智，是指一切因緣果報、種種錯綜複雜的關係。

事實上，一切世間的技術學問，都不出別相智的範圍。所謂「菩薩在五明中學」，因五明包含「總相智」與「別相智」，而能對治一切癡情與癡理。

四、業障重用念佛觀

所謂念佛，非指狹義的稱念佛名，而是去覺悟業障的因。根若斷除，果自枯槁；而非以石壓草，春風吹又生。

現因淨土宗的影響，很多人一講到念佛，都以爲只是「持名念佛」，或念阿彌陀佛的名號，或念觀世音菩薩的名號。這只是持名，而非眞正的念佛。

因爲眞正念佛，是「念佛所覺悟的理、念佛所說的法、念佛所行的事」。眾生爲何業障重？因爲不覺悟，故業障重。若已造下重業，再來持念佛號，爲時已晚。

所以當從覺悟業障的因去著手。佛，是覺悟的意思；而覺悟，是覺悟業障的因。因既斷除，苦果、業果自會慢慢消除。否則只是不斷地持名、拜懺、持咒，頂多是以石壓草，而無法從根消除。

五、散亂重用數息觀

數息觀，如前已述。數息法如用得好，不只心能定，情緒亦更平穩！以此安平之心，再去觀察、思惟，才更相應於智慧法門。

「如實知緣起」，即能悟入中道，而對治偏端。

這五項，傳統上稱爲「五停心觀」，也就是不同的對治觀門。看到這裡，應該可以瞭解到我說的心要：「如實知緣起，就能對治一切偏端。」故貪瞋癡者，只因不能深入緣起！如實知緣起，知諸法的本末因緣，知諸法的優、缺點，才能符合中道，不貪也不瞋，不卑也不慢，不疑也不惑。

這種思考方式跟傳統的修行方式並不相同。在傳統的方式中，都教我們從「克制」學起——克己復禮，用聖人的標準來要求自己——什麼事可做、什麼事不可做。學了老半天，還很牽強。

若能如實知緣起，就自然會去作判斷。不只視野較開闊，且心也能較坦蕩，故在修行的路上，必能更安穩而踏實。

「如實知緣起」與「對治觀門」，即是互爲標、本的關係。於是「急則治標」、「緩則治本」，便成爲修觀的通用原則。

但有些人因爲業障實在太重了，用緣起觀，恐怕「緩不濟急」。只能先用對治觀門，讓貪心變淡了，瞋心變薄了，才有辦法如實觀緣起。故「如實知緣起」與「對治觀門」，即是「治本」和「治標」的兩種方式。於是「急則治標」、「緩則治本」，便成爲修觀的通用原則。

急則治標，是因爲病太重了，所以得先治標。而治標後，還是得治本，才能究竟消除。從整體佛教來看，原始佛教於深入緣起的部分，講得還不夠完整，至於對治觀門倒說得較詳細；因此深入緣起觀，是待大乘才有詳盡的發揮。

除以上觀門外，我過去也講到幾種觀法：

死觀（無常觀）

第一種是無常觀，主要是對治放不下。眾生皆不免一死，且死期還不定！故放不下時，不妨觀想：搞不好明年就死了，甚至今晚就死了，如何放不下呢？在《四十二章經》裡講到無常觀，所謂「**入息不保出息**」！以此而能對治一切放不下的執著。

客觀

客觀，即觀我在此娑婆世界中，只是過客。既是過客，則走馬看花便可，而不可喧賓奪主、強加干涉。很多人都自以爲很重要，所以每件事都得插一腳，搞得自己又累，別人也煩。而過客，一切好壞都跟我沒關係。所以能對治太熱心、或太雞婆。

佛觀

在密宗裡有講到「佛慢」，因眾生都有佛性，故都是未來佛。但未來佛，不是守株待兔，等著成佛；而是要難行能行、難忍能忍，才能慢慢成就。

雖因過去世沒有好好修行，所以這輩子業障比較重，但眾生既有佛性，故只要往這條路去努力，一定可以慢慢成就的。所以當自己提不起時，觀「我是未來佛」，而能提起信心、保持毅力、堅忍到底。

從修到證

眾所皆知：於止觀中，止爲修定，觀爲修慧。而觀，非「思惟修」而已。

下面再講到一個問題，就是如何從觀到證？很多人都知道：在止觀中，止爲修定，觀爲證慧。但是如何從觀到證呢？很多人都以爲：「觀，是思惟修。」然觀，若止於思惟，是無法證慧的。

如所謂：慧有聞、思、修之別，所以當我們開始親近三寶而聽聞佛法時，就已經啓觀了，而非等到禪修時，才開始觀。但在聽聞佛法的階段，只能成就於「聞思」之慧。

觀，亦有聞、思、修等不同的層次。修，必以證得爲究竟。

觀，有「聞、思、修」不同層次的差別。聞思如前所述，至於修，要怎麼修呢？甚至要修到什麼境界，才能稱爲成就呢？修，以「證得」爲成就。至於如何「證得」？下面會有比較詳細的解釋。

思惟之後，如何啓修？

即不斷將此理念，印記入心識中，直到動心起念皆不離此。

簡單舉個例子，比如說無常觀。如果只是想到花會無常，或有生必有死，哪能證得呢？眞正的無常觀，是要把「無常的意象」不斷地重提、印記，好像模子一般，被深深印入心板裡，一直到任何起心動念，都離不開無常的意象。

例如看到一樣好吃的食品，一般人在看到好吃的當下，直起的就是貪念——想吃、吃得愈多愈好。而觀無常者，在看到好吃的當下，直起的卻是「無常的意象」，所以就不會再貪了。而非起了貪念，再用無常去對治消除。

何謂「直到動心起念，皆不離此」？以這時的無常觀，不是刻意提才現起的，而是雖不作意也能現起。所以最初是從思惟、作意去啓修的，而修到最後，要能不思惟、不作意，才算成就。這就像數息，剛開始是從作意看呼吸、數數字而啓修的，到最後，要能不數而數，數而不數，才算成就。

於是一切妄想、執著，皆被掃蕩無餘。若能完全地放下與出離，即是證得。

如何能稱爲「成就」或「證得」呢？完全地放下與出離，才能證得。一般人在聽聞無常、思惟無常的當下，心中還有太多的妄想雜念，牽扯不清，於是不斷地提起無常去對治。而無常觀，就像倚天長劍，能將一切妄念都掃蕩無餘。既然一切妄想雜念都提不起，身心也完全出離、放下，這時候才能眞體會：何謂無我和空性？故唯待內消，才是證得。

必於無功用心中，才能證得。

古來講觀的人雖多，可是如何能證？卻未講得明白。簡單講，要在「無功用心」中，才能證得。所謂「無功用心」中，就是雖不作意，而能現起所修觀門。時時、處處、念念，皆不離此。像修白骨觀，即閉眼、開眼，覺醒、夢中，所見皆是白骨！而既相應於「無功用心」，即與無我、無心、出離、斷滅，完全相應！

小結

以上所說觀門，大體說來，是漸修漸證的法門。以中國禪宗的判教，名之爲「如來禪」。

以上所說觀門，包括原始佛教的三法印、四念處，及大乘的緣起觀、唯識觀，和內觀、對治觀門等，大致都屬於「漸修漸證」的法門。用中國禪宗來判教，是漸而非頓，也稱爲「如來禪」。至於中國禪宗特傳的頓悟法門，則待「還門」裡再深入說明。

5
還源

還的原意

六妙門的第五是「還」門，我稱它爲還源門。何以故？佛法提到有順流的生死門和逆流的還滅門，所以「還」，即以逆流而回到源頭。

前云：迴向，即迴事向理，迴相向性，迴末向本，迴境向心，迴客向主。

或云：回老家！回本地風光，回本來面目！

我們也講過迴向，即是逆轉個方向的意思。眾生都是順流而下，而爲生死門；現在卻要逆轉一百八十度，成爲「還源門」。從何而逆轉一百八十度呢？

第一迴事向理，一般人都在事相上捉摸，很難對理有深入透徹的覺悟。所以當從事相中，參究覺悟更高的理。其次，事即是相，而理才是性，所以又稱爲「迴相向性」。

第三迴末向本亦然，境界是枝末，心才是根本。所以要迴境向心，才能還源。最後就心而論，妄識紛飛者，乃爲客；眞如不動者，方爲主。所以，還即是還本、還源。以還本、還源故，而能迴生死向涅槃。

也有人說：還，即是回老家！回本地風光、回本來面目之意！但老家到底在何處？又本來是什麼面目呢？且從還門的修證裡去體會吧！

在還門中，主要介紹三種還法：**1.** 法性觀，**2.** 心性觀，**3.** 參禪法。

以下在還門裡，主要介紹三種還法：第一種稱爲「法性觀」，第二種稱爲「心性觀」，第三種稱爲「參禪法」。這三者若詳細說明，都很花時間。像法性觀，我主要講的就是「中觀」思想，而《中觀論頌》共二十七品，過去我在農禪寺講時，每次講一品，共講了二十七次。而心性觀是講「眞如佛性」，主要是依據《楞嚴經》，以前我也說過《楞嚴新粹》，前後共講了八次。這次，我們只能把總綱列出來，如要深入，還是仔細研讀《中觀論頌直了》或《楞嚴新粹》吧！

法性觀

法性，即是空性，或無自性。

諸法以從眾緣所生，即不出空性和無自性。

「法性，即是空性，或無自性。」這就是法性觀的總綱。至於爲何是空性或無自性呢？因爲「眾法，是因緣所生」。既屬眾因緣所生，即不出空性和無自性的本質。詳細請看下面說明。

四不生

以眾因緣生法故，非自生，非他生，也非共生及無因生。

首先講到「四不生」，這是《中觀論頌》開宗明義的首要論題。一般人都認爲世間有生，也有住、異、滅。但我們仔細思惟：乃自、他、共、無因，皆不能生。

非自生

自即非生：若從自到自，何以謂生？

生即非自：既有變化，已非自矣！

何謂非自生呢？因爲自即非生，生即非自！也許很多人對這些邏輯論證不感興趣。但放眼所見，人類對「本體論」的一切執著，都不出這幾個模式。

很多人一想到：「這個世界從哪裡來？」一定免不了去歸究一個最初的源頭。如基督教說：上帝創造萬物。或說：時間是演化的源頭。若物質，分析到最後，不出「極微」的模式；雖然各宗各派對「極微」的定義不同。以上，皆從最初很單純的一種元素或少數元素，而變成這麼複雜的世界。

即使是物理學，從最初一百多種元素再分析，而變成質子、中子、電子；甚至分析到最後，只有能量。但若眞只有能量，又怎麼會變出這麼複雜的世界呢？可是人類的思考方式，總會往這個死結裡去鑽。

我們換另一種思考方式，就全然不同。如我是父母所生，而父母，又是他們的父母所生。於是從我一個，逆推一層，變成兩個——父和母。再逆推一層，就變成四個——祖父母和外祖父母。於是愈往上推，卻愈複雜。但大部分人皆以爲：愈往上推，會愈簡單。其實，都不出「自生、他生、共生與無因生」的執著！

如果是自生：則從自到自，何以謂生呢？因爲有變化，才能稱之爲生。而既前是自，後也是自，那就根本沒變化，而不能稱之爲生。反之，若有變化，即不可能還是自己。故說：生即非自，自即非生。

若自生自，即有無窮之過。

若謂：因上帝故，能造萬物，即有自生的過患。

同理，從極微而造萬物，亦有自生的過患。

其次，就算能自己生自己，那到底要生幾次呢？如果沒變化，就不算生；如果有變化，那到底要變一次、兩次，還是很多次？這有無窮的可能！雖然一般人不可能明目張膽地說：是自生自。可是很多思想裡，事實上就有自生自的嫌疑。

就像「上帝創造萬物」，既然在太初之中，只有上帝的存在，那上帝能用什麼來創造萬物呢？如用祂身上的一部分，上帝就變成有缺陷的——已非上帝了！其次，上帝是爲什麼原因而造萬物呢？如果沒有原因，這不是很奇怪嗎？如果有原因，那表示這原因，可能先於上帝之前就存在了，或與上帝並存——這就不是太初了！所以不管怎麼狡辯，都是錯的，可是一般的宗教或民族神話，皆難免落入這窠臼中。

同理，何謂「極微」？就是將萬物解析、再解析，以現行至最初的原點，如現在物理學所稱的 particle。事實上，不管所認定的 particle 是什麼，都跟引用的理論架構和測量的工具有關。比如一樣東西，用秤去量，當然只有重量的差別；用光譜去檢定，才有顏色的差別；至於速度，還需要更高級的工具，才測量得出。因爲能用的工具都很有限，所以萬物才被單純化了。

所以這些宗教家或物理學家，不是都很聰明、都很偉大嗎？有些還能因此而贏得「諾貝爾獎」，可是從邏輯上來看，他們還是挺愚癡的。

非他生

生即非他，如父母，非同路人。
他即非生，既有關係，便非他矣！

其次，何以「生即非他」呢？像父母既生了我們，我們哪能說「父母是他」呢？否則，因滿街的路人都是他，便跟父母沒有差別了！所以說：生即非他。

再者，像很多人喜歡問：「是蛋生雞？還是雞生蛋？」如果以爲雞跟蛋不同，則既不可能雞生蛋，也不可能蛋生雞。何以故？因爲他即非生。所以這問題似難分難解，已在人類歷史上問了好幾千年，若眞懂得緣起，便不會再去胡扯這個問題。

即使從「進化論」的觀點來看這問題：乃過去的蛋，不同於今天的蛋；過去的雞，也不同於今天的雞。那麼，對遠古的物類，還能稱之爲「雞」或「蛋」嗎？

諸法若異，則不能和合，不能比較。
既能比較，即非異！

下面再講到更細微的——所謂「他」，即是異；而諸法若是異，則不能和合。事實上，諸法是緣起的，而緣起則無界限，無界限者如何有異呢？

我們雖認爲：我是我，你是你，你我不同。可是從因緣去觀，你中有我的因緣，我中也有你的因緣。就算是仇眼相對、怨恨難消，彼此豈能「異」呢？

所以諸法若是異，則不能和合；不能和合，則不能比較；而不能比較，如何認他們爲異呢？故能比較，即非異。可是，我們還習慣用對立、矛盾的觀點，來看世間諸相。既能比較，即非異。那麼，連「他」都不可得，何況「他生」呢？

非共生

有自有他，才可能成共。現無自無他，共法不可得。

若謂共生，即兼有自生和他生的過患。

一般人想：既然自不能生，他也不能生，那應自他和合才能生，所以稱爲「共生」。譬如種子發芽，以有種子的自——種瓜得瓜，種豆得豆；再加上陽光、水分、溫度、營養等的他——助緣，才能發芽。故當是共生。

事實上，如前已述：他是不存在的。既爲助緣，如何爲他呢？其次，自也是不存在的。爲什麼呢？譬如葉子，是樹的一部分，離開此樹，這葉子就不能單獨存在！所以在緣起法中，本無個體可得。那麼，連自和他都不可得，如何「共」呢？

再者，若謂共生，即兼有自生和他生的過患。因爲若生後，仍是自，則自爾，云何爲生？若生後，乃是他，則他法，即非所生。

非無因生

若無因而能生，即有無窮之過。

若無因而能生，即違背一切世出世間的因果法。

最後，再說非無因生。如果無因而能生，即有無窮之過。因爲到底要生什麼？要生多少？這有無窮的可能。

我們從世間一切現象來看，都是有因、有緣，才有果的。若無因而能生果，即違背世出世間的因果法則，也與所觀察的現象不符。所以不能以原因不明，而謂無因生。原因不明，不是沒有原因，而是因爲不能深入緣起的世界！因此下面再引申一個很重要的觀念，就是「因陀羅網」。

因陀羅網

諸法如梵網綿延，至小無內，至大無外。

以眾因緣生法故，個體本不可得。由於有很多因緣的襯托，才讓我存在，且顯現出目前的樣子。而跟我相關的因緣，又是由其他因緣的襯托而顯現出來。於是，因緣的因緣，不斷地延伸出去，這因緣網，無邊無限。

我常用一個很簡單的比喻：就是我雖只有二十個朋友，而二十個朋友就有四百個，那這四百個朋友的朋友呢？以這樣牽連下去，可把世界上所有的人一網打盡。同理，從任何一法出發，皆可羅網一切法，故稱爲「因陀羅網」。我們皆只是羅網中一小部分而已！

於是乎，諸法至小無內，至大無外。何謂至小無內呢？因爲至小，也是因緣所生，而不能自我劃定界限。很多人雖可以接受「身體不斷在變」的事實，但還認爲：內在裡，有一部分是不會變的。然而既屬因緣所生法，如何能不變呢？不只不能不變，甚至不能劃分限界，而說裡面的是我，外面的爲他。

這是眾生向來很深刻的執著，認爲不管怎樣，內在中總有一範疇是永遠不變的。然用因緣法思考，卻一下就被推翻、磨滅了。姑且說，就算眞有一區塊是永遠不變的，那跟你五蘊的身心，又有什麼關係呢？所以再怎麼搜尋、圍堵，永無最內在者，這稱爲「至小無內」。

其次，至大無外，如向外推展也不可能窮盡底限，因爲因緣網上，總是還牽扯著其他的因緣。故中國雖有句話說「千里姻緣一線牽」，其實牽扯不斷的，何止於一線呢？必然是「條條道路通羅馬」。

所以上帝，如在網外，就沒作用；如在網內，就不是造物主了。同樣，所謂的靈魂，如在網外，即跟你沒關係；如在網內，即非孤立、永恆的。所以，要瞭解無我的眞諦，其實也不難。既然至小無內，至大無外，哪有自生、他生、共生、無因生的可能呢？

相涉相入，層層不盡；一沙一世界，一葉一如來。

且這網還不是靜態的，而是動態的。從不斷的交結、變遷、離散、磨滅，而產生各式各樣的現象。故古人稱爲「相涉相入，層層不盡」。

在一般人看起來很單純的一塊石頭，仔細分析，卻是很複雜。在地質學家看來，這石頭的來源，可追溯到幾十億年前的地層變動。在化學家看來，它包括哪些元素？且加上什麼組合，又有哪些造化？所以只要深入任何事相，都是千變萬化的。在此資訊時代，我們更能感同身受。故「一沙一世界，一葉一如來」，簡單講，即是：至小無內，至大無外。

無自性

諸法非本存——靈魂、元素、上帝、神我皆不可得。非獨立。非常住。

再從「至小無內」這觀念引申，就很容易瞭解：何以諸法無自性？因爲非本存、非獨立、非常住故，謂之無自性。

現先說明：何以「非本存」？很多人都認爲有些東西，是自古以來就存在的。例如靈魂。何以一般人不會再去探究「靈魂從哪裡來？」因爲已認定：靈魂是從來就有的，所以不能再問從哪裡來。眾生雖在三界中輪迴，但輪迴的是軀殼；而不變的是靈魂，且靈魂還是「本自存在」的。以上的觀念，並不合乎緣起。

同理，元素等亦然。如認為物質中有本自存在的粒子，而為組成萬物的元素。這並不可得，而稱為「非本存」。至於上帝、神我，皆不可得。所以無自性的定義，第一就是非本存——既是因緣所生，如何能本存呢？

第二是非獨立。諸法既是眾緣所生，如何能不跟其他緣發生關係呢？不只必發生關係，且關係還在不斷變化中。

所以第三的定義，是非常住。任何物相，一定是會變化的；且變化還不是三、五年一變，而是瞬間都在變。故以諸法「非本存、非獨立、非常住」故，而確認「諸法無自性」。

若問：人性是本善，還是本惡呢？既無自性，則無「人性」可得。而一般人認為的人性，只是習氣或共業而已！如過去造的惡業多，現就多顯現「惡相」；如過去造的善業多，現就多顯現「善相」。因為業識的成分，本來就很複雜，哪可能用單純的善惡，就說得清楚？甚至男性、女性，也只是習氣而已！所以要轉女成男、或轉男成女，也只是改變習氣而已！故從「無自性」的觀念，去看很多問題，即不是大問題。

或有人說：定業不可改。既然業無自性，何以有定業呢？然如何改呢？靠緣去改，且是靠「對應的緣」才能見效。因此從諸法無自性中，反而給我們更大的肯定：只要試出「對應的緣」，一切都是可改變的。我們看現代的科技，過去認爲不可能的事，現多變可能了。

記得最初看過《中論》，理解「諸法本無自性」後，卻有一段時間非常消沈，好像所有的理想都幻滅了。過去從「自性見」而遐想有「純眞、盡善、完美」的境地，竟然全都夢醒了。尤其所謂「人不爲己，天誅地滅」，故肯定無我後，也似遭受天誅地滅般地癱瘓不起。

然而，無自性並非只有否定，而無肯定。同理，無我也非只有破壞，而無建設。於是生命的機制，才能像草木逢春般地創新格局。

以諸法無自性故，而謂「無我」。
非單向的主宰關係，不存內外間的界限。

依我的理解，無我主要有兩種定義：第一是「非主宰」。我，即是主宰，認爲可以由我來控制一切內外身心的活動。有如在過去君主專制時代，君王高高在上，故一切行事，皆由君王獨裁！這是偏向於「單向」的指使。

但在緣起法中，都是相輔相成的。因此，若君王過於橫征暴斂，百姓就要「造反有理」了。故在中國所謂的倫理關係，如君仁臣義、父慈子孝、兄友弟恭，都是從「雙向」關係去協調。但是過去喜歡「作主」的習氣，根深蒂固。你想當主，我也想當主，就有很多可爭執的。世間的煩惱十有八九，皆起源於「意氣之爭」！所以，如果大家能從「彼此相關互動」的關係去看人事的安排，便好協調。甚至若更從「彼此平等互惠」的前提去協調，甚至能相得益彰而皆大歡喜。

第二是「無界限」。過去我們常一廂情願地認定：什麼是我，什麼不是我，界限分明。然從緣起去看，這種界限根本就不存在。以不存在故，才不至於自我封閉而獨斷獨行。

以諸法無我故，生命能隨緣而變化萬千。

既然變化萬千，如何能出離解脫？以心不執著故，能出離解脫。

故從無我的觀點來重塑生命，第一執著會減少，第二涵容性會更高。執著減少，自然漸斷煩惱；涵容性更高，雖不刻意修福修慧，福慧自漸趨向圓滿。所以眾生以無我故，能隨緣而變化萬千，更能成就於菩薩道。

問：「既然生命是隨緣而變化萬千，它能解脫嗎？」答：「不是因爲封閉、孤立、不動而能解脫。」這一點非常重要。若「出世解脫」，得跟世間法一刀兩斷才能解脫，但在緣起的世界中，其實是斷不了的，於是因斷不了，煩惱反而更多。

若從隨緣而變化萬千的理則看解脫道，則一因執著減少而放得下，二因涵容性較高而能解脫！

所以依文會意，就很容易錯解佛法。如解脫者能出三界，然出三界後，又到哪裡了呢？釋迦牟尼佛不是已出三界了嗎？爲何還天天托缽化緣、弘法度生？故所謂的「出」，只是把無明的心、執著的心消除而已！而不是此身體或靈魂，更到哪裡去了！

過去我在講「出世與入世」的定義時，就講得很明確：何謂「出世」？出世間無明，就是出世；故出世者，卻非到哪裡去。何謂「入世」？入諸法實相，就是入世；故入世者，也不需要整天忙著搞些有的沒的活動才算入世。出世與入世，是一體的兩面，只是從不同的角度切入！

前面是從因緣法而切入四不生，從四不生而匯歸無自性。以下再演繹爲「八不中道」。

八不中道

不生不滅

前無今有謂生，前有今無謂滅。
現以個體本不存在故，何以有生滅？

很多人都認爲：世間有生有滅。因爲有些物相以前沒有，而現在卻出現了，故以「前無今有」謂之生。譬如小孩子，初從娘胎現世時，我們說他生了。反過來說，以「前有今無」謂之滅。

然從無自性的觀點，則個體本不存，何以有生滅？因爲一般人所謂的「生」，是從「個體的有無」論定的。如以小孩子爲一個體，而說他生了。但事實上，小孩子的「個體」是不存在的，因爲他只是法界因緣中的一小部分而已！

就像大海中的波浪，表相看起來眾浪洶湧、各具苗頭，其實浪與浪間是整體相連的。或者去爬山，今天爬奇萊山、明天走能高北峰，如果兩山各自成體，我們就無法從奇萊而下能高。因奇萊、能高，皆只是中央山脈的一小坡段而已，故我們能從奇萊而登能高。所以從小部分去看，似眾山蔚起；但從整體去看，卻只是一小皺折。所以個體既本不存在，何以能有生滅呢？生滅，只是現象的流轉，而非個體的有無。

不常不斷

以隨緣變化故，非常；
以連續不絕故，非斷。

關於無常，大家似都耳熟能詳，但若追究爲什麼會無常？卻未必能答。就緣起法而言，所和合的因緣不斷在變化故無常，且變化還是隨時在變。

其次，所謂不斷，雖無常變化，但變化是連續的，所以不會有前後脫序的現象。因爲是連續的，所以過去所造的業，才會影響到現在，甚至延續到未來。

故不必擔心：這輩子修行若不成就，下輩子該怎麼辦？因爲是否成就，本就沒有明確的定義。修到哪裡，都算成就，也都不算成就。尤其業識既如長江後浪推前浪，又何必擔心下輩子會到哪裡呢？只要照著佛法的教導而過修行的生活，就算這輩子不開悟，也必保證下生會比今生好。誰來保證呢？以諸法本來不常不斷故！

不一不異

非一：諸法各組合的因緣，不盡相同；自古聖賢皆寂寞？

非異：你中有我，我中有你，牽連不絕。

人跟人間，既不能全然相同，也不能絕然隔異。因為彼此中，既有很多共通的緣，也有不少差異的緣。中國有句話說：「自古聖賢皆寂寞。」好像作為聖賢，就必與眾生隔絕，故寂寞難消。其實不會，因為就算是聖賢，也在緣起當中，如何能與眾生隔絕呢？

所以人跟人間，總是「同中有異，異中有同」！如刻意去尋知心，或只覺寂寞難消，都是掉入一邊！我不認為「自古聖賢皆寂寞」，而認為「若寂寞難消者，就非聖賢」。何以故？因為未覺悟緣起法。倒是過去有一首歌——你儂我儂，有詞曰：「你泥中有我，我泥中有你。」還更相應於緣起法呢！

不去不來

既然個體不存在，云誰去來？
在整體的變化中，似有個體的去來，如電影。

一般人還是從「個體的存在」說有去來，例如說我昨天從台中來。然而在台中的我，跟現在的我，還是同一個人嗎？在未把因緣的變化論得更詳盡時，會覺得還是同一個人；但事實上，他們已有些差異了。說有去來，是指誰有去來呢？既然個體不存在，即無去來。然在整體的變化中，似能顯現出個體的去來。

這就像電影一般。我們所看動態的電影，是由一片一片的投影片連接起來的，大概是一秒鐘二十四張吧！每張投影片投出去，都是整體的變化。可是於整體變化中，我們卻看到人在走、汽車在動，人和汽車只是投影片的一小部分，可是看起來卻像單獨在動！又如霓虹燈亦然，我們看霓虹燈好像轉來轉去，其實它根本沒有動，而只是燈一下亮、一下滅而已！故在整體變化中，能產生「個體去來」的錯覺。

只有現象的流轉變化，而無個體的生滅去來；

如水的三相，如火的燃燒，如風的動靜。

結論就是：只有現象的流轉變化，而無個體的生滅去來。例如水有三相，在常溫時爲液相的水；如溫度降低了，就變成固相的冰；溫度如升高到沸點以上，就蒸發成氣相的汽。我們所謂的水，只是在常溫下所顯現的一種相而已，故稱此爲「水」相。它本質不是水，才能隨溫度的高低，而顯現爲汽或冰。

又如一般人也認爲有火，會說：「拿火來！」但怎麼拿火呢？你或拿一支正在燒的木柴給他，或拿打火機給他，而不可能只拿「純粹的火」給他。因爲「火是燃燒的現象」，而無火單存的個體。就化學的角度來說，燃燒只是較快速的氧化現象。而氧化速度的快慢，由周邊的緣共同決定。在世間法中，很多人把靈魂比喻爲火，而說「薪盡火傳」。但既然火本無單存的個體，即應覺悟：眾生除五蘊外，別無靈魂。

同樣再觀風的動靜。有「一陣風」吹進房子裡，就把門關起來，看看風在哪裡？風是什麼樣子？然而竟尋不到風了——因爲空氣流動，才有風相的存在；把門關上，空氣不流動，即無風了。所以水、火、風，都是現象，而無實體。

或曰：「至少木頭、石頭，是有實體的！」如用火把木頭燒了，請問其實體何在呢？故木頭、石頭，也都是現象，而非實體。

現象不斷隨著因緣而流轉變化，本無單存的個體。可是我們還習慣用「個體化」的思考方式，去分別抉擇，這就是「無始無明」之所在。

在因緣的梵網中，既是法法不相離，也是法法不相及。

舉足復入，已非前水，更是已非前足！

再看下面這句話，很有深意：「在因緣的梵網中，既是法法不相離，也是法法不相及。」何謂「法法不相離」？因為彼此都牽連在梵網裡，既無法分開，也沒有界限，這是第一層次的不相離。又其中任何一個有變卦，另一個即不可能不被波及，這是第二層次的不相離。

至於何謂「法法不相及」呢？比如說我現在要去拿滑鼠，拿得到嗎？大部分人都認為拿得到——不是一出手，就拿到了嗎？但當我出手時，已非原來的手！同理，拿到滑鼠時，也非原來的滑鼠！故說法法不相及。

在希臘哲學裡有謂：「舉足復入，已非前水。」我們在河邊，把腳再伸入河裡時，已非原來的水了！這觀察還不夠仔細，「舉足復入，已非前足」，才更深刻。如用法法不相及的思考方式，竟是「欲舉足時，皆不得舉」！

大乘佛法

相假，體空，而用如幻！

從緣起無邊，而能破除一切我見、邊見和自性見。

深入緣起法，才能眞體會：何謂「大乘佛法」？以何爲「大」？因爲緣起無邊，故爲大。因爲緣起無邊，而能破除一切我見、邊見和自性見的執著，故爲大。

一般人都被相所騙、被相所限。相，本質上就是假的。何謂是假？一、不斷在流轉變化，故是假。二、當體即空，故是假。三、雖用如幻，故是假。

眾生之所以煩惱、生死，就是因爲有「我見、邊見和自性見」的執著。而用「緣起無邊」這一簡單的理則，即能破除一切我見、邊見和自性見。這不是很偉大嗎？

而破除後，非枯守頑空，而是頓入妙有。

從緣起無邊，而能確認無緣大慈與同體大悲。

當我們把「我見」和「自性見」破除後，最初很多人都會覺得很恐慌，因爲我們一向就生存在這樣的世界裡。事實上，破除之後不是頓入頑空，而是視野更開闊，心量更寬宏。像牆被拆除了，才發現外面竟是春光明媚、鳥語花香。

因此大乘佛法提出「無緣大慈」與「同體大悲」。爲何「同體」呢？既同在一個梵網中，怎說不同體？至於爲什麼會「無緣」呢？既然都是有緣，何必再去分別誰有緣、誰無緣呢？世間法雖說「佛法不度無緣人」，但誰是無緣人呢？在緣起的世界裡，都是有緣，而非無緣。因此從緣起無邊，而發廣大圓滿的慈悲心，即是「無緣大慈，同體大悲」。

何以爲大？能容乃大！

以見性故，成就於廣大圓滿的平等性與涵容性。

所謂「何以爲大？能容乃大！」爲何能容呢？因爲緣起無邊，所以能有更大的涵容性與開放性。因爲見性——見無我性、見無自性，所以能容。

這也是我對很多人所講的大乘佛法非常不以爲然的地方。因爲必把我見消除之後，才夠資格提倡大乘佛法。否則若我見還在，那是用「擴張」的思考方式去提倡大乘，而提倡到最後卻不免變質爲山頭主義。

要先體認「至小無內」，才能成就「至大無外」。而體認「至小無內」，近於解脫道；成就「至大無外」，對應於菩薩道。

何以菩薩不畏生死，不求解脫？

與法界同體故，既無生死的束縛，也無個人的解脫。

因此何以菩薩能不畏生死，不求解脫？因為要度眾生，所以不畏生死、不求解脫嗎？這只是匹夫之勇，既不能自度，也不能度他！

既然個體本就不存在，哪還有個人的生死可了，哪還有個人能單求解脫？所以能共法界、等法流，而時時刻刻跟眾生在一起。事實上，若能內消無我、外應法界，其實早就解脫了。且這解脫境界，是大乘所謂的「無住大涅槃」。

很多人好去分辨：何謂小乘？何謂大乘？都是從「個體」與「界限」的前提來分辨而已！於是分辨來、分辨去，只是增加戲論。若從深入緣起，而體認無我；且無我，不是頑空、斷滅，而是跟法界一體，跟眾緣等流。這樣既相應於解脫道，又成就於菩薩道。故大乘、小乘，是眾生習慣用「二分法」去分別眾相，才有的問題。

> 眾因緣生法，我說即是空；亦為是假名，亦是中道義。
> 以有空義故，一切法得成。

所以在《中論》裡，有這一頌：「**衆因緣生法，我說即是空；亦為是假名，亦是中道**

義。」關於空，即是無自性，這前面已說得很多了。至於何以為「假名」呢？因一般人是從「個體化」的思考，而去建立名字。譬如人有張三、李四，動物有牛、羊、貓、狗，花有玫瑰、玉蘭、含笑等。

如前已謂「相假體空」，因此一切名，即是假名！用現代的思考方式，名即是定義——在無邊的緣起中，局限某個範圍，而給它一種稱呼。譬如台北市、台南市等，都是人為的劃分！當然有的範圍很明確，如牛、羊等，似乎本來就存在的，所以不必再定義。但若從緣起無邊去看，還是得局限在某個範圍內，才能給它一種稱呼。事實上，人間有很多爭執，往往只因為定義不同而已！

所以，能瞭解諸法緣起故空，又能善分別、建立假名，就能「空有無礙」，而證入「中道」！「**以有空義故，一切法得成。**」從因緣所生法，去意會諸法乃是空無自性的，這還容易瞭解。但因為諸法是空無自性的，所以能隨緣變化萬千，這就很多人未理會到。於是，還是容易落入「頑空」的一邊，而不與「中道」相契。如有些經論說「菩薩當知空而不證空」，即是將證空，誤為頑空。事實上，證真空與入妙有，是一體的兩面，故不證空，如何能當菩薩呢？

「**能說是因緣，善滅諸戲論；我稽首禮佛，諸說中第一。**」這是龍樹菩薩在《中論》開宗明義的偈頌。能用一個至簡不煩的理則，而貫穿世、出世間法，並能消除一切無明邪見與無謂戲論。深入《中論》的義理，才會由衷地讚歎：「中觀」眞是諸說中第一！

要分別何爲正見，何爲外道？要確認何爲眞大乘，何爲假大乘？除此之外，別無良途。

很多人學佛，學了半輩子，又是念佛拜願，又是早晚課誦，又是吃素持戒，自以爲已學得「有模有樣」。拆穿了，其實還不是個「正信」的佛教徒。爲什麼不是呢？不具正見故。如何具正見？能「深入緣起，確認空義」才是正見。

同樣，北傳佛教開口閉口都自稱是大乘佛法，但若未能「深入緣起，確認空義」，算是什麼大乘呢？因此要分辨：如何爲大乘？如何爲外道？不深入緣起，絕對沒能耐。

相信各位都聽過：舍利弗本是外道，因聽到緣起頌，即證得初果的故事。所以從印度、中國，到西藏，大致都公認：以龍樹菩薩的中觀思想最究竟。今天承蒙三寶的庇佑，能與各位在此研習「法性觀」，乃是大事因緣，還望各位善意會之，以不辜負此因緣。下面繼續講「心性觀」。

心性觀

在講心性觀之前，且把「性」的定義重述一下。「性」最簡單的定義，就是眞理。能稱爲性，基本上要有兩種特質：第一是「歷三世而不移」，在時間的過去、現在、未來，都不會改變，這是就時間而言。第二是「放四方而皆準」，無論是東方、西方、南方、北方，應該都如是，這是就空間而言。

就如前面所謂的「至小無內，至大無外」。故能於一切時空中不動不移，方爲眞理。如以無常性作說明，過去是無常，現在、未來也是無常；大至宇宙山河大地，小至人身上的細胞，都是無常而在刹那變化。

故無常，既是性，就不會有「你的無常」與「我的無常」的差別，不會有「你的無常」與「我的無常」的界限。這是首先重述「性」的基本定義，下面再講心性觀，就會比較容易瞭解。

就心物間，人們將「能了別者」稱之爲心，以「所了別者」名之爲物。

先定義：何謂心？就心物之間，人們認爲：心能了別物；故以「能了別者」稱之爲心，以「所了別者」名之爲物。比如眼睛看燈光，燈光是所看到的，稱之爲「物」；至於能看到的，不是眼睛，因爲眼睛只是把影像掃描進去，眞正去辨識、了別的，才稱之爲「心」。以上是心物間，最原始的定義。因此，於五蘊——色、受、想、行、識中，受想行識都是心的作用。

然而心，究竟在哪？

就凡俗眾生而言，認爲心在身中。但既然在身中，就是物而非心！

每個人都認爲：人都有其心。於是下面就有這個問題：「既然每個人皆各有其心，那他的心到底在哪裡？」就這問題而言，世間上不管是東方、西方，十有八九的人都會說：「心就在身體裡面！」

因爲我走到哪裡，心就跟到哪裡，所以直覺心應該是在身體裡面。可是再問：「是在身體的哪個部位呢？有辦法用解剖的方法，把心挖出來嗎？」如果挖得出來，一定是物而不是心。同理，如能確認在哪個部位，也一定是物而不是心。

就算眞把腦袋或心臟挖出來，卻無了別的作用！所以人總是含含糊糊地以爲：心是在身體裡面。可是如欲詳細論究，卻似丈二金剛摸不著頭緒！其次，就算心眞是在身體裡面，那在身體裡面的，是物！只有物在物裡面，哪可能心在物裡面？

同理，謂心在身外、中間、根處，如《楞嚴經》七番破處者，皆非也。因爲既有方位、處所，即是物而非心。

在《楞嚴經》裡有「如來徵心」和「七番破處」的問答，非常精彩，各位可參考。

佛問阿難：「且說心在何處？」阿難率爾對曰：「心在身內爾！」佛斥曰：「既在身內，云何見外？」

「既非內者，即是外也。」然而在外面的什麼地方？他也說不清楚。反正不是在內，就是在外。姑且承認：心眞是在外。然我身體冷熱，它怎麼會知道？

阿難想：既然裡面不對，外面也不對，姑且說是中間吧！但「中間」，又如何定義呢？於是阿難再說「根處」等，皆不能確認心之所在。

其實不只阿難如此，一般眾生皆然。總要去找一個地方，和指認一件物品，說：「這就是我的心。」然而既有方位、處所，即是物而非心。相信這個原則，就很明確：只要落入「所了別」的對象中，即是物而非心！

於是「心是什麼？心在哪裡？」便成爲修行過程中，超凡入聖的關卡。眾生就是因爲不明「心是什麼？心在哪裡？」所以才漂泊三界、輪迴生死。因此禪宗的修行，是以「明心見性」爲首要的任務。

但用「對象」的思考方式，一定找不到心的。因爲既落入「相法」中，即是物而非心。所以用一般人的思考方式去找心，找一輩子也找不到心的。

所謂「心」，當就「性」而言。

故心，是指「能了別之性」；而所了別的，是物。

所謂「心」，當就「性」而言。能夠了別的，是「心性」，而非「心相」。那麼這心性，是在什麼地方呢？既是性，當不說在什麼地方，或不在什麼地方。如無常性，在什麼地方呢？既然到處都無常，即不能說無常在什麼地方，或不在什麼地方。

所以，心既無所不是，也無所不在。因爲任何物品，能被了別，是因爲有心。可是被了別的，都是物，而不是心。因此，我們只能說，心是指性而言，以有「能了別」的特性。至於物，是有「被了別」的特性。

故這心性，既不屬於我，也不屬於你。因此不能說我的心性，或你的心性。因爲既是我的、你的，即又落入相中！因此我們只能以「普遍性和永恆性」來意會性。

所以有人問：「草木有沒有心性？」問題不是草木有沒有心性？而是有的話，也不是草木專屬的。因爲如果沒有心性，草木即不可能被了別。

這就像無常一般，桌子是無常，椅子、山河大地也都是無常。可是山河大地和桌椅，都是物；且在物相的變化中，才能顯現出無常性。同樣，一切對象，都是相；且在被了別中，才能顯現出心性。

所以從這觀點來說，不是我有我的心，你有你的心。因爲我所了別的，你所了別的，都只是心性中的一小部分。法界中只有一種心性，你我的受想行識，是其所顯現的相法！因爲具無常性故，因此顯現在你我的無常相則不同。

譬如明鏡高懸，以明鏡具「能了別之性」故，貓來貓現，狗來狗現。

故能隨境現像者，爲鏡之性。至於所現像，則爲鏡之相！

我們作個比喻：譬如明鏡一般，貓去了，就顯現出貓的樣子來；狗去了，就顯現出狗的樣子來。這能把外物顯現出來，是鏡子的特性。至於現出貓的像、狗的像，則是鏡之相。

而一般的鏡子都是有限量的，所顯現的乃掛一漏萬。至於心性，是無限量的大鏡子，所有山河大地、宇宙萬象，都能在鏡子裡顯現出來。故我的身心，只是鏡相的一小部分，當然你的身心，也是鏡相的一小部分。

故能隨境現像者，爲鏡之性，亦即是心之性。至於所現的像，則爲心之相。

何以在《楞嚴經》有所謂「非因緣，非自然」？

若是心性，則法爾如是；故非因緣所成，非因緣所轉。

反之，若是鏡像，則是因緣所生，亦隨因緣所轉。

各位如看過《楞嚴經》，就會注意到裡面有一段論說，看起來似乎非常困惑、迷離，就是有關「非因緣，非自然」的論說。何者非因緣呢？以心性，過去如此，現在、未來也皆如此，此即「法爾如是」。而非因具什麼因、什麼緣才如此。故心性，即是「非因緣」，既非因緣所生，亦非因緣所能轉。

至於所顯現的相，則是因緣所生法。有貓的因緣，就現出貓的樣子。至於大貓、小貓、黑貓、白貓，各有其因緣。既爲因緣所生法，即是「非自然」！簡言之，非因緣即指心性，非自然即指心相！

所以能從「性相的不即與不離」，去看這些論說，便脈絡分明，何困惑、迷離之有哉？

心性，是眞如本心；心相，爲妄識紛飛。

所以何謂「眞如心」呢？從心性來看，既然法爾如是即是眞如，故稱心性爲「眞如心」。至於隨緣而生的識，則變化不定，而被形容爲「妄識紛飛」。當然也因未開悟，才妄識紛飛。但最重要的是，「識」是從相去定義的，而眞如是從性去定義的。我們再舉下面的例子。

如白天見明，夜晚見暗。

能見之心性本來不動；至於明暗之相，則隨緣示現。

就像在白天，因爲有光明，所以可見到種種不同的物相，桌子、椅子、花草樹木等。待晚上，因爲不具光明，所以看到的都是烏漆抹黑的。於是很多人都會說「晚上看不見」，其實若眞看不見，哪能知道「外面是暗的」呢？故只是看不到光明相，而非看不到，這是《楞嚴經》不同的思考方式。

同理，外面若有聲音，我們就能聽到，並辨認出它是什麼聲音。那如果沒聲音呢？沒聲音，是聽到沒聲音，而不是沒聽到——因爲有聽，才確認其有沒有聲音。

所以眼睛「能看」的作用，是不受光明和黑暗的影響。在光明時，顯現出種種的物相；無光明時，顯現爲黑暗相，而不是看的作用失效了。同理，耳根「能聽」的作用，是不受有聲音和無聲音的影響。

白天見光明，晚上見黑暗，能見的心性從來不動。以不動故，屬「非因緣」；至於光明相和黑暗相，則是隨因緣變化而示現的，故爲「非自然」。同理，能聞的心性本來不變，至於聲音的有無、大小、遠近，則是隨緣示現的。這樣就能把「性」跟「相」的差別，釐得比較清楚。

同理，門戶開放，則見遠及外；門戶閉塞，則見只於內；亦能見之心性本來不動；至於通塞之相，則隨緣示現。

同樣，如果天氣好，則把大殿門打開，可遠看到嘉義市、甚至海邊。相反地，如把門窗都關起來，則只能看到大殿裡很小的空間、很少的物相。

門窗打開或關閉，我們能見的心性從來不變。至於因為打開或關閉，所見不同，這相法是因緣所生！所以看得遠、看得近、看得多、看得少，皆是相的變化，而能看的心性，從未改變。

本來清淨

心既為性，則不為因緣所動，不為因緣所牽；故能歷三世而不移，放四海而皆通，是為「本來清淨」。

心性有「不爲因緣所動，不爲因緣所牽」的特性，故能「歷三世而不移」，就是過去、現在、未來都如是。且「放四海而皆通」，東方、西方、南方、北方，也都如此。於是在經典上，形容爲「本來清淨」。

爲什麼說是本來清淨呢？因爲永遠超然物外，而不受雜染。

「本來清淨」的心性，諸佛如是，凡夫也如是。

然而凡夫以未悟故，日用而不知。

這本來清淨的心性，諸佛如此，凡夫也如此，不因覺悟或不覺悟而有所改變。因爲既然是性，即有普遍性和不變性，所以必諸佛、凡夫皆如此。

凡夫在未悟當下，他清淨的心性，還是時時刻刻在顯現著「了別」的作用。眼睛照樣在看，耳朵也照樣在聽，照樣動心起念，照樣造業受報。然而凡夫以未悟故，日用而不知。凡夫一樣具足清淨的心性，只是他們都在相上分別取捨，而不能迴光返照地去覺悟：這些其實都是心性的作用。

無始無明

既然心性本來清淨，則非後因一念妄動而起無始無明。更非無始無明能將本來清淨的心性，蒙蓋過去。若眞被蒙蔽，則是相而非性。

既然眾生的心性本來清淨，爲何還會有無始無明？這是佛經中再三提到的問題。有些經典回答：後因一念妄動故，而變成無始無明。這種回答，是有問題的。何以故？若後來因一念妄動，才變成無始無明，則這無明是有始，而非無始。

而且，何以本來清淨，又會一念妄動呢？這是怎麼解釋也解釋不清楚的。又有些經典謂：一念妄動而起的無始無明，把本來清淨的心性覆蓋過去了，所以才變成凡夫俗子。

既然心性非因緣所生法，就不可能被蓋過去。就像我們，雖未開悟，然清淨的心性還是存在著，且時時刻刻顯現出見聞覺知、受想行識的作用。所以心性何曾被蓋過去了呢？如果眞被蓋過去，那是相，而非性。

依我所理解的，無始無明與本來清淨是同時存在的。爲什麼呢？凡夫以日用而不知故，心隨相轉，所以才稱之爲無明。所以從「日用而不知」這句話，就可理解：「清淨的心性和無始無明，是同時存在的。」

問：「無明何以是無始的呢？」答：「以一向未知，一向心隨相轉故，稱爲無始無明。」

凡聖之間

凡夫以未悟故，心爲相轉，不離於無明及貪瞋癡慢。

若見性開悟，則知諸法本來如是而已。

眾生因爲未悟心性是本來清淨的，所以才會一天到晚在相上計較，分辨好壞、大小、得失、勝敗，心爲相轉，不離於無明及貪瞋癡慢。可是在無明與貪瞋癡慢當下，本來清淨的心性還是存在著，還是時時刻刻在起作用。

而若經佛法的開示，尤其經過嚴謹的修行後，終於見性了。體證到眾生的心性，原來就是這樣，一向就是這樣——法爾如是而已！故在凡而不減，成聖而不增，是就「性」而言。

心相，則隨緣而不同。非僅凡聖有別，至於阿羅漢等，亦有十大弟子之差異。所謂「佛佛道同」，也是就性而言。

但是就相而言，就不一樣了。修善的人與造惡的人，在心相上就是不一樣。雖有人說：只要見性，就了已，而不用再修。這是就「性」而言，但就「相」而言，還是要修。因凡夫的相跟菩薩的相，怎會一樣呢？

很多人在佛法上，易落入一邊。凡夫以未見性故，偏於相上作分別取捨，是落於一邊。如學佛之後，偏倡性平等、性無修，又落入另一邊。要在不變的性中，顯現出相的變化；在相的變化中，覺悟到性是不動不移的。這才能性相圓滿。

所以就心相而言，不只未悟與已悟是不同的；甚至悟的層次不同，心所顯現的相也有差別！這心相的差別，至於阿羅漢亦然。如何證明阿羅漢心相不同呢？因爲我們知道佛陀座下有所謂十大弟子：阿難稱爲多聞第一，目犍連稱爲神通第一，舍利弗稱爲智慧第一，阿那律稱爲天眼第一……既有這麼多不同的第一，即表示他們所顯現的心相，是不一樣的！

甚至所謂「佛佛道同」，也是就性而言。因爲就相而言，阿彌陀佛所發的願，與釋迦牟尼佛所發的願不同。阿彌陀佛所示現的極樂世界，與釋迦牟尼佛所示現的娑婆世界，怎會相同呢？如是相同，淨土行者就不用求生極樂世界了。相既是因緣所生法，則過去的因緣不同，現在的因緣也不同，如何會相同呢？

萬法唯心

所謂：萬法唯心所現。而心，有心性及心相之別。性雖不是相，性也不離相。而相，是因緣所生法。非心物分隔後，再單取心，而謂萬法唯心現。

很多經典都說「萬法唯心所現」，但在唯心所現的當下，我們要知道：這又有「心性與心相」的差別。就心性而言，當是萬法唯心性所現。

但就相而言，還是要「具足因緣」才能顯現的。而很多人將「萬法唯心所現」錯解爲：心想事成，我心怎麼想，它就怎麼變現出來。那你爲什麼不是想開悟，就馬上開悟了呢？肚子餓時，爲何不是心想飽，它就飽了呢？要到美國，爲何不是一念就到了，怎還得坐飛機呢？故「唯心所現」的心，絕不是第六意識而已！非將心物分隔後，再單取心，而謂萬法唯心所現。因爲眞正的心，包括心性和心相，是心物合一的心，而不是心物對立的心。

萬法唯心現，是指眞心，而非妄識。
而眞心，是心物一如，如前所謂的「等持」關係。

總之，萬法唯心所現的心，是指眞如心，而非妄識，當然更不是狹指第六意識而已！故萬法唯心現，是心物一如的，也就是「性相圓融」。且在圓融中，顯現有「等持」的關係。所謂「等持」，譬如兩鏡對照，這邊動，那邊即顯了。

要從「心物一如，性相圓融」中，去瞭解眞如心是什麼？否則說來論去，盡歸妄識和戲論而已！

返妄歸真

既覺悟「心爲性」，則不再執「有我的心」。

能打破小我的窠臼，而成光明遍照的功德。

故所謂「毘盧遮那佛」，是指清淨法身、光明遍照。

問：「那明心見性，在修行上又有什麼意義呢？」答：「眾生就是執著有一個我、有一個心，且心在身內！所以待人接物，皆離不開自我中心。現既覺悟心性是周遍法界，即不再執著有我的心，不再以小我的心而自我封閉。故得以成就『光明遍照』的功德。」

爲什麼「光明遍照」呢？因爲心性本是無界限的。能將小我的窠臼打破了，智慧才能開，福報才能大，功德才能圓滿。

故經典上說：佛有三身，第一稱爲「法身」，其次爲「報身」，再者爲「化身」。而法身，稱爲「毘盧遮那佛」，意思是「清淨法身，光明遍照」。事實上，就心性而言，每個人都一樣有「清淨法身，光明遍照」的。

只是凡夫因爲日用而不知，所以才被相轉，而用界限的思考方式，去分別你我、是非、貪瞋等。事實上，在執迷當下，這清淨法身、光明遍照的功德，仍未喪失。

再返觀此七尺之軀的業報身，亦不過如澄清百千大海之一浮漚體而已！若心不再被其所轉，則一切身執、病痛，甚至生死，皆如夢魘初醒，了不可得！既心性不動，即無煩惱可斷，亦無生死可了。

從廣大圓滿無礙的心性，再回頭看此七尺之軀，且壽命頂多不過百年，亦不過像大海裡的一個泡泡而已！若將泡泡當做我，就只能在大海中，或乍起乍落，或轉來轉去，而有輪迴相。反之，把心安之於整個大海，則大海過去、現在、未來都是這個樣子，哪有什麼輪迴相可得呢？有限的，才有輪迴；無限的，則無輪迴。當心放得愈寬，則相對的動盪相、輪迴相，就會變得愈淡薄！

因此當我們生病時、危難時，甚至臨命終時，且提起「心性無限」的正念，再回頭看這些病痛、危難、生死，皆如夢幻泡影，與心性了不相干！既了不相干，就隨它去吧！

是以一切身執、病痛，甚至生死，皆如魘夢初醒，了不可得！過去很在乎的一切，如今卻無所謂！那麼，還要再去斷煩惱或了生死嗎？

中國禪宗最後總是期待於「悟在楞嚴」，因爲眞要明心見性，眞要了脫生死，從《楞嚴經》的「如來密因」——即本來清淨的心性著手，是最直截了當的。當然最直截了當，還得看懂才行。有的人看了一遍又一遍，還是暈頭轉向地搞不懂「何謂非自然？何謂非因緣？」但是如用此「性既不即相，性也不離相」的角度切入，應該能很快掌握《楞嚴》之大意。

此處所講的心性觀，只是把心性的綱要提出來說明，過去我講《楞嚴新粹》時，前後共講了八堂課才講完。故這次所講，如果不周詳的地方，各位回頭再看《楞嚴新粹》，便會更清楚吧！

疑情與話頭

很多人剛開始就一直問：「怎麼參禪？」等了老久，終於等到現在要講「參話頭」了。但事先聲明，我講的參話頭跟中國禪宗，甚至跟當前佛教界所講的，會有一些不一樣。至於哪裡不一樣？慢慢看就知道了。至於誰是誰非？其實看各人，合用的話就留著用，不合用的話則另請高明！我只是提供不同的思考方式，供諸位作參考和抉擇。

前於觀慧門中，講到妄念的分類，乃有：帶迷惑性的妄念。爲何是這樣？爲何非那樣？這是偶然的？還是必然的？

在講到參話頭前，首先要講「疑情」。因爲有疑情的現起，才有話頭可參，所以我們須從疑情來定義話頭。

前面講到「觀門」時，講到妄念可整理歸納爲三類：第一是無記的妄念，就是亂打的妄想，既沒什麼主題，也沒什麼意義。第二是有煩惱性的妄念，如貪瞋慢疑等，可用對治觀門去處理。第三是帶有迷惑性的妄念，當時卻未明講應如何處理？待此「參禪」法門時，才合講應如何處理。

迷惑性的妄念，就是既不清楚是怎麼回事，同時又有很多疑惑。例如：這件事爲什麼是這樣子，而不是那樣子呢？被罵時，想爲何被罵的是我，而不是別人呢？如天下紅雨，想是什麼因緣而使天下紅雨呢？或者這件事，以前是如何？以後又會怎樣？反正我們活著，常會對很多人事現象、生命現象，或宇宙眞理，起迷惑與懷疑。於是乎，迷惑與懷疑就可能變成話頭。但是如何變成話頭的呢？且先定義「話頭」吧！

話，即語言文字，動心起念。

若疑情是往「源頭」的方向去探究，是爲話頭；

反之，若往下流的方向去尋思，則爲話尾！

話，並不只是講話而已。因爲透過起心動念，我們才能講話，所以話的頭，就是我們的心念。而心念的頭，又是什麼呢？更去追溯它的源頭。若現形爲語言文字，就不是話頭了，動心起念才是更上源的頭。那動心起念之前，又是什麼呢？不斷地往上溯，以探究其源頭，這稱爲「話頭」。是以有了疑情後，大致可往兩個方向去思考：一個是往上頭的，一個是往下流的。若往源頭的方向，去思考參究，稱爲「參話頭」。如果是往下流方向，去演繹擴張，就稱爲「拈話尾」。

下面且來分辨何謂「往源頭的方向」和「往下流的方向」？

如有人惹我生氣了，我便想：如何修理他？這便是話尾，而非話頭。

反之，若去追究：這等事，有必要生這麼大的氣嗎？便近於上溯的方向！

例如：現在發覺我生氣了，因爲某某人講的一句話讓我生氣。於是我就想：這傢伙，我一定得好好修理他！至於怎麼修理呢？慢慢想、慢慢等，總會有辦法、總會有機會的。這便是「拈話尾」的思考方式。以拈話尾故，造業多端，而不離煩惱生死！

反過來想：爲了他講這句話，我就應該生氣嗎？而生氣後，就得去報復嗎？如果回答是肯定的——應該生氣、得去報復，那表示還在話尾打轉！若眞往源頭去尋思，應該會得到：這樣的事情，其實是沒什麼好生氣的。源頭是什麼？涓涓細流！若是驚濤駭浪，那絕非源頭。

想到最後，「是我自己想不開，故庸人自擾。」這樣氣既消了，也就不用再去修理誰了。以參話頭故，不再造業生死。

若愛錢如命而千方百計去想弄錢的點子，這便是下流的思惟模式。

反之，若一朝反省：錢眞有這麼重要嗎？便近於話頭！

世間上有很多人愛錢如命，千方百計在想怎麼去賺錢：去投資股票嗎？還是經營房地產？或者賣健康食品？如果只往這方面去想，便是下流的方向。因爲這已承認「愛錢如命」的前提是正確的。

如果有一天他突然反省到：錢眞有這麼重要嗎？有的人很有錢，不見得快樂；有的人很有錢，不見得健康長壽；有的人很有錢，可是別人照樣瞧不起他。過去錯認錢很重要，所以拼命去賺錢，而今才覺悟：金錢不是萬能的。

能覺悟錢眞的沒有那麼重要，這問題算是解決了一半。爲何只一半呢？因爲得再追問：既然金錢本非這麼重要，我如何又會錯認了它？一定是有另外的心結來促成的。仔細尋思後，或許因從小家裡貧窮，讓別人瞧不起，所以奮發圖強，努力賺錢，只爲爭這口氣而已！事實上，爭不爭氣跟賺多少錢，卻無等比的關係。

故所謂「話頭」就是去追溯問題的源頭，要往源頭的方向去尋思、參究，這才是解決問題的究竟方法。如果已承認有這樣的問題，然後再順此去思考處理的方式，便似「用大石頭去砸小石頭」，小石頭雖砸壞了，而大石頭又成障礙，問題永遠愈搞愈多。

如果是往下流的方向，所謂「下流」，以佛教來講就是順生死流的方向。

如果是往還滅門的方向思考，這是接近於源頭。

因此，迴向、還源、話頭，是一體相關的。

因此話頭，就是迴向的意思。因爲眾生都習慣往下流的方向去思考，而往下流，即是造業煩惱的生死流。我們要迴向——反其道而行，而往源頭的方向去思考。因此，這三個名相，話頭、還源、迴向，是一體相關的。

剛才講，若往源頭的方向去思考，便接近於話頭。如參「我爲何生氣？」「錢有這麼重要嗎？」但這些問題就解脫道而言，還只算枝末，而非根本。再把問題往上溯，溯到「一以貫之」的根本問題，才能一了百了地解決一切問題。而這最根本問題，才是禪宗所謂的「參話頭」。

所以一般的人，是不會參話頭的，因爲他只會向下流轉，而不會往上追溯。就算有少數人能往上追溯，也只能在枝末上探究，而不能切到根本的問題。要有非凡的善根，才能直接切到根本的問題。

明心見性

人生的問題與迷惑，雖似葛藤，剪不斷，理還亂。

但源頭，只因爲「不能明心見性」！

所以一切與修道相應的話頭，必以此爲旨歸。

人生的問題與迷惑，雖似葛藤，剪不斷，理還亂，但源頭卻只有一個——不能明心見性！至於其他的問題，都是從此而衍生的枝末。例如：錢有這麼重要嗎？如果明心見性了，連生死都不相關了，錢哪有什麼重要的？生不生氣也一樣，連生死都不是問題，人家罵你一句有什麼關係呢？所以問題追溯到源頭，只是如何能明心見性？

我們最初定義的話頭似較廣泛，但就修行有關的話頭，都會匯歸於「如何明心見性」這主題。跟這主題相關的疑情，才是禪宗所謂的「話頭」。問題似有不同，但宗旨卻是一樣的。

譬如參「我是誰？」「父母未生前的本來面目？」「生從何來？死往何去？」

在農禪寺最早參的話頭是「我是誰？」如果想：我是父母生的，名字是某某，家住何處。那就拈話尾去了。要知：這個「我」，主要是問「心是什麼？」尤其要往「性」上去作功夫。於是心是什麼呢？就去一參再參，參到最後，一定會跟剛才所講的心性觀相應！

同樣參「父母未生前的本來面目？」父母在佛法裡，有特別的定義：因眾生以無明為父、欲愛為母，而生死不斷。故在無明未起、愛欲未生之前，我們的心，應是什麼樣子呢？這也是為參透「心性為何」。

或者參「拖死屍的是誰？」我們身體會動，會來會去，是誰叫它動靜、來去的呢？裡面有誰在主導、控制嗎？你去參，參到最後，也不過是明心見性！甚至問「生從何來？死往何去？」如果只在「隨業去來」上打轉，是絕對不會開悟的。最後要參到：眾生，其實不來也不去，因為心性不動不移呀！

所以，話頭好像很多，但事實上，它的中心應該是一樣的，就是匯歸到：眾生的心性是什麼？

何不直參「動心起念者是誰」呢？

參「念佛者是誰」與參「阿彌陀佛是誰」有何不同？

我過去就說：不要去參些有的沒的問題，直接參「動心起念者是誰？」不是更直截了當嗎？既然眞正要參的也只是這問題，何必東拉西扯，去問些自己都不明白、都不相應的問題呢？

下面這個問題很有啓發性。在禪門裡常參「念佛者是誰？」但是否也可以參「阿彌陀佛是誰？」似乎也無不可。但如將「阿彌陀佛」當做外在的佛去參，便難開悟！但若參到最後，能覺悟於：阿彌陀佛乃是清淨法身，亦即眾生妙淨本明的心性，當然也不錯呀！但兩者相較，還是以參「念佛者是誰」，較不會往外求。

這是首先講到話頭的基本定義：就是要向內或向上去追溯到源頭，而能明心見性。如果方向確定了，問題怎麼描述，都沒關係，至少是往源頭的方向去探究。反之，方向都搞錯了，就只能順流而生死！以上是首先定義「何謂話頭」。

參的法門

懸而不思，曰「參」。思與觀、參的不同：

思，是以意識爲基礎，而作的分辨、抉擇或統合。

觀，是對於一個已肯定的理念，以不斷提起，使銘記於心識中。

參，是對於一個疑情，以不斷提起，使烙入心識中。

至於爲什麼稱爲「參」呢？懸而不思，曰「參」——只把問題懸著，但不去思考，這就叫做「參」。下面且來分辨「思、觀、參」這三種有何不同？

一般的人都會用思考，就是用第六意識，把過去所記憶的重新拿出來比對、過濾，最後再抉擇或統合。這樣的思惟方式是諸位非常熟悉的，這稱爲「思」。

佛法的智慧，從「聞、思」而來。聞是先從聽聞中匯集很多資料；思是再作比對、分辨、抉擇或統合。思過後，就會整理出一個較明朗的架構，或較明確的導向。

「觀」前面已說過了。所觀的觀念，其實已確定了；只是很多人很容易又忘記了，今天覺得很有道理，明天就還給它了。這只是「思」，而非「觀」。觀，即是要把已確定的觀念，烙入心中，好像蓋印一般，永遠保持著非常鮮明、深刻的印象。

要怎樣使它烙入心中呢？以不斷提起。例如修無常觀，要時時刻刻保持著無常的觀念，即使看到什麼好吃、好玩的，也都能提起無常的觀念。最後這無常，就會清楚而深刻地保持在我們心中。於是面對一切境界時，即能不作意而現起無常觀。所以，聞是第一個漸次，思是第二個漸次，觀則爲第三個漸次，能把眞理，印入心中，即能斷煩惱、了生死。

下面再講「參」。參，不是一個肯定的觀念，而是一個問題。然這個問題也要不斷地被提起，一問再問，而讓這問題在我們心中非常鮮明、深刻。觀，是有很明確的理念；參，是只有問題而沒有答案。

爲什麼要將一個問題不斷提起呢？因爲眾生本來就是有問題的，可是常常事情一忙，就把問題丟了。每天忙東忙西，只在枝末中打轉、計較，卻對眞正的問題漠不關心。所以要把問題看牢，才有力量滲透。如果偶而想想、久久才想，那是沒力量的。所以，要使問題非常深刻、鮮明地烙入我們心田中，它才有力量。

所謂「懸」，是不斷地提起。

如大問題未能釐清，它終將不斷地現起！

「懸而不思」的「懸」，就是要把問題一而再、再而三地提起，時時刻刻想到這個問題還存在，還未解決。若有大問題，在未解決之前，它一定會不斷地蹦出來、提醒你，甚至想逃都逃不了的。所以前面所謂的「不斷地提起」，是有刻意的成分，因這問題你覺得還不夠重大；但是，若一再提起，力量會變得愈來愈大。到最後——已爆發成大問題了，便只能直接去面對它，而無逃避的可能。以上是講「懸」。

何謂「不思」？不用第六意識去分別、取捨。

若是大問題，單用第六意識去分別、取捨，也使不上力——山窮水盡疑無路。

其次，何謂「不思」呢？即不用第六意識去分別、取捨。爲什麼呢？因爲第六識的力量，是很有限的。講白一點，如果碰上生命的大問題，單用第六識去想，也是沒有用的。因爲想到最後，會覺得我們只是在問題外面打轉，而切不到核心。

所以剛開始教我們不要想，我們是按捺不住的，總還是要想；可是想了一段時間後，就覺得已山窮水盡，而想不出更好的點子了。可是問題還未解決，這時就自然進入「懸而不思」的階段——問題還是懸著，可是思惟作用已使不上力了。

事實上，我們在面對人生重大問題時，也都是這樣。小問題自己想想就解決了，或者請教人家就有答案。但大問題，卻得自己苦苦悶在心裡，或悶個三個月、五個月、幾年。或問：「這樣悶，有用嗎？」可能有用，爲什麼？且聽下回分解。

悟的源由

不斷地參疑情，就能開悟嗎？未必！

若不斷地參疑情就能開悟，那外道也能開悟。

這樣不斷地參，就能開悟嗎？不見得！爲什麼呢？因爲如果不斷地參疑情就能開悟，那外道也能開悟。不要認為外道就沒有疑情，就沒有道心，他們對「如何斷煩惱、了生死」一樣非常迫切。

至少在印度、在釋迦牟尼佛當時，這是大眾共同關心的問題。多數的修道者，也為這樣的目的而出家，所以不能說外道就沒有疑情。但外道為何不能開悟呢？無明邪見故。因此，若無明邪見無法去除，就算不斷地參話頭，也是不能開悟的。

必先有正見的基礎，參禪才可能開悟。

因此，應該有正見的基礎後，再參禪才可能開悟。眾生之中未聞法而能開悟的，只有釋迦牟尼佛而已！剩下的都是聲聞弟子，就是從聽聞佛法後，才能順正見的方向去思考，而得到開悟。

就以舍利弗為喻，舍利弗最初也是外道，因在路上聽到「緣起」的偈頌而開悟。何以之前未能悟，而此時卻悟了呢？這表示：一為他的疑情，也是很深，也參了很久。二則因為聽到這偈頌，而把他過去外道的知見，一下子打翻了，所以能夠只聽一偈頌就開悟了。這偈頌，就是正知見；所以沒有正知見，要開悟是不可能的。

中國禪宗後來倡言「不立文字」，而反對學禪者看經、聞法。我覺得這是「矯枉過正」。因為聽經聞法是正見的基礎，而有了正見，才可能開悟。後期的禪宗一方面強調「禪不在坐」，二方面又倡言「不立文字」，因此免不了愈來愈沒落。不只能開悟的人，愈來愈少；更且著魔發狂的人，還愈來愈多。為什麼？不具正知見故。因此，不管是先有知見了，再去參禪，還是在參禪的過程中，再不斷吸收知見，總之，正知見的基礎是少不了的。

所謂「參」，即是將相關的知見，於第八識中作整合、結晶。因為有此問題，我們才會把跟這個問題相關的知見作整合。一般人的整合是用第六識去處理，但面對生命的大問題時，單用第六識卻使不上力。

於是這問題就時時刻刻都在現行，前面所謂「烙入心田」，即是印入第八識。於是在第八識中，會把我們所聽到的佛法，與此相關的作整合，整合到最後完成時，稱為「結晶」。結晶時，就很容易現行為開悟的體證。那時，一個小小的因緣，就可能讓他開悟——因為他已整合出來了。

在第八識能作整合嗎？這是我們用過之後，才有的肯定。事實上，有很多問題，你一想再想，還是沒辦法解決。但禪坐幾天，心定下來，不意之間，卻已水落石出！因為第八識已在我們修定的過程中，作好整合了。

若之前已搜集很多相關的知見，則整合的過程便迅速多了。

若在參禪之前，就已聽經聞法，而搜集到很多相關的知見——相關於這問題的知見，則整合的過程便迅速多了。反之，之前未搜集得很多相關的知見，則於參禪後，對相關知見會更加敏感，也更勤於去搜集。

所以，我說過：要有疑情，才有道心。因爲自知有病，才會勤快地去找藥。否則，搜集得一堆藥方，也似與我無關！

整合的動力來自探究的決心。道心愈強，整合即愈有成效。

其次，整合的動力來自探究的決心。也就是這問題對你而言，有多重要？有些人還不覺得它是問題；有些人雖覺得它是問題，然如未解決，還是每天照樣吃飯、睡覺，所以不解決也沒關係。如果是這麼想，決心、毅力就不夠，那就像溫火一樣慢慢烘，烘到什麼時候會熟也不知道。而有些人就覺得：這問題不解決，飯也吃不下，覺也睡不著。那動機、意願，就非常強烈了。參究的決心愈強，整合的速度就會愈快。因此道心強的人，這問題一提，就已烙入心版中，根本不用再提，甚至逃也逃不了。另有些人因動機不夠強，所以只好不斷地再提起，以便拉攏它，而拉攏久了，這問題的力量也會愈來愈大。

這跟修定的方法，在心態上大不同：

修定，只是守一；而參禪，必下「勘破」之決心。

這跟修定，在心態上有很大的不同。修定只是把一個方法守住！比如數息法，只是把數字守住，而不打其他妄想。因此，方法本身是靜態的，心態也是靜態的。而參禪卻是動態的，不只要守住話頭，且有一個非常強烈的動機，要把問題切穿、勘破。

其次，所謂「話頭」，也非單一的「問句」。我們雖有疑情，但未必都得用同樣的問句。比如「我是誰？」可變成「念佛者是誰？」或「拖死屍者是誰？」「動心起念者，又是誰？」

問句似不同，但核心的疑情是一樣的。這如我們正在想念某個人，或想念他的容貌，或想念他的聲音，或想念他說的話，或想念他做的事，但核心都是同一人。

所以也不是對著同一個問句，一念再念，一提再提，就叫參話頭。而是圍繞著同一個核心的問題，一參再參，尤其要有勘破的決心，這才是參話頭的法門。

所以不是把「固定的問句」，一念再念，就是參話頭。那倒不如念佛，念佛還可迴向求生淨土，而只是念「什麼是無？」究竟有什麼意思呢？問題不是這樣！因為若無疑情，無勘破之決心，便非參話頭！

悟的本質

所謂見性，是體驗到空性、無我性！

平日理雖清楚，無奈體驗不到。然於頓悟當下，即能刻骨銘心地體驗到！

於是形容為：出離、放下、超越、無我。或是：「煩即菩提」！

若有疑情，又有知見的基礎，且道心也強，則參久就有因緣開悟。至於如何是「悟」？所謂見性，是體驗到空性、無我性！事實上，空性和無我性，從學佛以來已聽得太多了，但是爲何不悟呢？因爲只是觀念上的清楚，卻體驗不到。

比如最簡單的「放下」，好像每個人都懂，可是事實上，卻什麼也沒有放下，要放也還放不下，還是黏搭搭的！在悟的當下，才能刻骨銘心地體驗到：何謂放下？何謂無我？我們再怎麼分析、確認無我，看到好吃的，照樣愛吃；碰到別人罵你時，照樣不高興。這表示我們過去的業習太重了，所以積重難返。放下就是放下業習！然未經過一番刻苦嚴謹的修行，想放下業習並沒那麼容易。

不要以爲開悟的人，懂得的道理有多深，其實這道理，你我都聽過了。在佛法裡沒有秘密，能講的道理都講了，只是我們業障還在，故體驗不到！所以，開悟沒有那麼神秘，可是一旦體驗到了，它在心中的印象，就非常鮮明、深刻。而能在時時、處處，指引著我們。如體驗不到呢？偶然想想，還有道理；但碰到境界時，就全然無影無蹤了。

原始佛教描述修行到最後，能出離、斷滅，都是在形容：把業障——貪瞋癡慢放下而已！中國禪宗是以「**歇即菩提**」來形容。就像一個人本來挑了百斤的重擔，且長途跋涉，不眠不休。現在一下就把這重擔捨了，且「到一邊涼快」，這是什麼滋味呢？

不是找到問題的答案，而是勘破問題的虛妄。

故悟後，即一了百了！

問：「既然參話頭是有問題而一問再問，那悟後是否找到答案呢？」答：「不是找到問題的答案，而是勘破問題的虛妄！」如果問到最後，能找到答案，那答案反而是有問題的。所以很多人喜歡說：我找到了！可能找到什麼嗎？其實只是已勘破問題本身是虛妄的。說白一點，這問題是因爲眾生的無明才問得出來，若眞清楚了，什麼問題也沒有。若以爲悟就是找到答案，那找到答案後，就要更爲這個答案去忙東忙西，不是又陷入輪迴的窠臼嗎？悟，既體驗到無我，還有什麼問題、什麼答案呢？

以參「父母未生前的本來面目？」作說明：

譬如參「父母未生前的本來面目？」若參出前輩子是一隻貓，故貓是我的本來面目，那就太胡扯了。

過去我雖知有此「話頭」，但從未在意。因爲學中觀的人，都會斷然回答：既是因緣所生法，即無本來面目！所以這樣的話頭，我一向棄而不顧。可是有一天，我突然對這話頭有興趣了，參參，竟發覺別有洞天。「父母未生前的本來面目」的問題，是父母既生後，才會有的問題；故父母未生前，何能有此問題呢？

也就是說，話頭參到最後，能很清楚地知道：這些都不是問題。如果一個問題已參破，以後同類的問題，都可很快跳出來。因爲世間的問題，都是八九不離十，換湯不換藥。

所以參到最後，悟了，悟得什麼呢？覺悟到：這些都不是問題！

誰來印證

既無所得，還需要印證嗎？既無我、無心，還能印證嗎？

眞勘破疑情，乃不待他人印證！

下面一個問題是：以這樣而開悟，能找誰來印證呢？如果悟是找到答案的話，則需要老師來檢定，看這答案對不對？反之，若連問題都沒有了，還需要老師來印證嗎？當然不需要了。

故既無所得，還需要印證嗎？既證得無我、無心，還需要印證嗎？當然都不需要！然在中國禪宗的傳統，皆謂：開悟需要印證。事實上，我可簡單舉例，以證明開悟不需要印證。釋迦牟尼佛於菩提樹下頓悟成佛時，有誰能替他證明呢？沒有！舍利弗不可能為他證明，梵天王也不可能替他證明。但是他的講經說法、他的言行舉止，讓每個人都肯定他已開悟，因為所有的問題到他手上，就都不是問題了。

也就是說，如果參的是「假問題」，則根本不知道什麼叫「解了」；如果參的是眞問題，則解不解了，自己一定很清楚。且用世間法作比喻，生病去看醫生，醫生給我很多藥，若吃後病即好了，還需要別人驗證嗎？

這不需要他人印證的說法，不是我創說的。在《阿含經》裡，一個眞證得阿羅漢果者，即自知不受後有，而不需要他人印證。同理，一個眞破邪見而證初果者，也能有自知之明。

業障現行

一切疑情，皆是習氣業障的現行；故業障未現行時，不覺得它是問題。而當現行時，譬如瀑流汎集，力如排山倒海，已非用意識所能清理。

剛才已經講到：所有的問題，都源自於我們過去的無明業障。所以一切疑情，皆是習氣業障的現行。然眾生不可能沒有習氣業障，故眾生一定會有疑情。以一個疑情爲中心，而把相關的習氣業障，全部湊起來，即變成疑團。所以，當習氣業障未現行時，倒還不覺得它是大問題；但等業障現行時，就渲染成大問題。

過去我在師父座下，最初參的是「我是誰？」這話頭我根本參不進去，因爲既是「眾緣所生法」，哪有什麼好參的？然而，師父卻叫我參「我是誰？」剛開始只能像念佛一般，一念再念，卻也嚼不出什麼滋味。

直到禪七快結束時，卻一頭栽進疑團裡。在彌天漫地的疑團中，竟到這個問題不理清楚，就寧可不吃飯、不睡覺的程度。這也就是在我用思惟的方式以瞭解中觀思想時，我執的習氣其實還橫梗如山。現竟以「我是誰」這話頭，而把相關的習氣業障全掀出來。剛掀出來時，力量是非常大的。尤其在修定一段時間後，再掀出來，那力量會更大。譬如瀑流汎集，力如排山倒海，已非用意識所能清理。嚴重的，不免思想脫序、言行反常。

如禪門云：必經「見山不是山，是水不是水」的階段。從疑情而變成疑團時，經常如此！

所以，過去農禪寺再三提醒禪者：出了禪堂不要參話頭。因為怕參到最後，會變得神經兮兮而被送進精神病院。這種不正常會有什麼危險嗎？其實也不會！只是與人交接時會怪模怪樣。如禪宗所謂，修禪有三個階段：第一是「見山是山，見水是水」；第二是「見山不是山，見水不是水」；到最後「見山還是山，見水還是水」。在這過程中，我認為一定得經過「見山不是山，見水不是水」的階段，才可能提升到第三「見山還是山，見水還是水」的階段。

故在第二個階段時，會顯現出不太正常的樣子，思想脫序、言行反常，看起來顛顛倒倒的。尤其是疑情愈參愈深，愈捲愈大，而變成疑團時，更易如此。

比如：正參「我是誰？」有人叫你：「某某人，你來呀！」你卻不會馬上過去，而是在想：他是在叫誰呢？或吃飯吃到一半，卻突然冒出：「吃飯的是誰？」於是就停在那兒，飯都不用吃了。早晨要上班去了，還沒出門，卻又冒出：「上什麼班呢？還不知道我是誰，何必上班呢？」老板叫你做事，你想：一邊去吧！等我開悟再說！反正只要動心起念，都被這問題扣住了，而無法作一般的反應。故嚴重的話，思想會脫序、行爲會反常。這怎麼辦呢？

其實，我覺得很公平：就是要經過疑團的階段，才可能開悟。若是怕變成疑團而慢慢參，那參個五年、十年也不會開悟。要它整個掀出來，力量才夠大。可是整個掀出來，又怕行爲脫序而變成神經病，那根本就無無解！

「不入虎穴，焉得虎子？」眞疑情觸發時，別無選擇的餘地。

所以這句話：「不入虎穴，焉得虎子？」是參禪人必下的決心。過去我師父在講到參禪者要具備的條件，其中之一就是「大憤心」。何謂「大憤心」呢？就是只進不退、堅持到底。很多人，尤其是現代人，一向嬌生慣養。故參禪一碰到逆境，就打退堂鼓：「開悟！且不用這麼急！現在先保命比較重要。」如果這麼想，不要說變成疑團，就算只是疑情稍濃烈一點，就會嚇壞而趕快退回去，那就永不可能席捲成疑團。要下這樣的決心：反正我義無反顧，即使生活脫序、行爲反常，甚至丟了工作也在所不惜，只是一心一意去勘破這問題！有這樣的決心，才可能眞去參禪。

依我的看法，不是每個人都有勇氣參禪的，尤其在最後關卡，很多人都會知難而退。因爲一想：「不行，我還要上班，我還有妻子、兒女要照顧。我還是給自己留點後路吧！」因此疑情永不可能太濃烈，因爲太濃烈了就急著降溫，怕頭殼被燒壞了。

所以對一般人來講，不是沒有疑情，而是不敢去觸發它。因爲怕一觸發，生活步調就全亂掉。即使以「懸而不思」的方式，偶而提一提，也怕提過頭而燒壞頭殼，所以只能苟且度日。但有些人卻疑情一發，即欲罷不能，就只能一頭撞上去。

眞疑情觸發時，是沒有選擇的餘地。就像釋迦牟尼佛疑情一發，國王都不當，連老婆也不要，就跑去出家了，因爲這問題對他來講太切要了。這很可怕嗎？其實這才有機會開悟。而怕死的人、怕傷的人，就永遠在那邊龜龜毛毛，在那邊蹉跎時日。所以到最後，我覺得很公平：要得到什麼結果，就得付出什麼代價。天下沒有白吃的午餐。所以當疑情愈來愈鮮明、愈來愈迫切時，不用害怕，也不用退縮。抱定破釜沈舟的決心，勇往直前吧！

這是講從疑情到往話頭的方向去參。話頭要個人去找，因爲每個人都有不同的切入點，雖然最後的核心還是一樣。我不認爲目前的法師，有辦法替你選話頭，他又沒有他心通，怎麼確認這話頭對你是相應的呢？

若隨便抓個現成的話頭來參，就如嚼雞肋，食之無味，棄之可惜。再怎麼參，也參不進去。所以要參自己的話頭，而自己的話頭在哪呢？且從動心起念中，慢慢去過濾、篩選。以上是講正規的參法。

假話頭

祖師對某些妄想太多的禪子——不能於眞話頭上用功，而老是在話尾裡打轉者，便給他個「假話頭」，以便將餘妄想夾斷。

以下講假話頭。有些人要他往話頭去參，很不容易，因爲他還是一天到晚在打妄想。於是有些祖師對於這些喜歡打妄想的人，就給他一個假話頭。用這個話頭把他套住，也就是把他能打的妄想，全封鎖在這話頭裡，而無法打其他的妄想。久而久之，或許有開悟的可能。

故意給他出難題，且多以「兩難」的形式出現；
以兩難故，便被套住而無從再打妄想。

這樣的問題，大部分都是用「兩難」的方式出現。因為兩難，答是，不對；答否，也不對。怎麼答都不對，於是就被卡在那地方。一卡住，便所有的妄想都無法打了。以下舉例說明。

瓶中鵝

古人瓶中養一鵝，鵝漸長大，出瓶不得。
如今不得毀瓶，不得損鵝；汝作麼生，能出得鵝？

「如今不得毀瓶，不得損鵝」，不能把瓶子敲破，也不能把鵝割成幾塊再拿出來，那怎麼把鵝安然無恙地放出來呢？你想，怎麼辦？反正，怎麼想就是沒解；就算想一輩子，也是出不來。

若對這問題有興趣，一定要想出來，那就整天被卡住，其他的妄想雜念也不必打了。

香嚴上樹

有人上樹，口銜樹枝，腳不蹋枝，手不攀枝。樹下忽有人問：如何是祖師西來意？不對他，又違他所問。若對他，又喪身失命。當恁麼時，作麼生即得？

這時候，要回答他，嘴巴一張開，就會掉下去摔死。可是既有人問了，又不能不回答。這時，該怎麼辦呢？這也是故意用「兩難」的問題去套人。

狗子有無佛性

問：「狗子還有佛性也無？」師曰：「無。」

曰：「上至諸佛，下至螻蟻，皆有佛性，狗子爲甚麼卻無？」師曰：「爲伊有業識在。」

問：「狗子有沒有佛性？」這問題也一樣，因爲若答：「狗子沒有佛性！」但既然眾生皆有佛性，狗子爲何沒佛性呢？若答：「狗子有佛性！」那既然有佛性，爲何又變成狗呢？

師曰：「無。」這是趙州禪師直截了當的回答。再問：「爲何狗子沒有佛性呢？」師曰：「爲伊有業識在。」其實這回答是不對味的，因爲有業識在，就沒有佛性嗎？但因爲趙州禪師是出格的人，問的人故意考他，他卻能不掉入兩難的思惟方式。

記得有某禪師的回答是：「你無佛性！」問的人反而大吃一驚：「爲何我無佛性呢？」「因你總問些顛三倒四的問題，故無佛性。」問者只能落荒而逃！

或者像「是先有雞，還是先有蛋？」「天地是有邊，還是無邊？」反正，只要對這個問題有興趣，就被套住了！

若以兩難的假話頭套之漸久，妄想漸消，或有觸發真疑情的可能。

或者一旦識破假話頭之爲假，亦能有出離、放下之體驗。

那套住有什麼用呢？至少無法打其他妄想，因而妄想漸消。妄想漸消，就有觸發真疑情的可能。過去因妄想太多了，故疑情雖有，但都被妄想蓋住。現在妄想減少，就有可能觸發眞疑情。或者哪一天，對這些兩難的詭計，突然因覺醒而跳脫出來，也可能有出離、放下之體驗。比如第一個問題：瓶中鵝。有人一直想卻不得其解，最後甘脆去問南泉禪師。南泉禪師說：「陸大夫！」他答：「是！」「你出來吧！」他覺醒了，就出來了！鵝怎麼出來呢？原來他就是那被養在瓶中的呆頭鵝。所以看破、放下了，鵝就出來了！看破什麼呢？問題都是假的，但被套住卻是眞的。

這問題如問我，怎麼答呢？「把那鵝帶過來，再說吧！」

其次，對「香嚴上樹」的問題，也有不同的回答方式。有人就說：「你上樹之後，我不問；你未上樹之前，答一句看？」誰叫你爬上樹，幹這種無聊事，還問該怎麼辦？如果是我的話，就說：「拿斧頭來，把樹砍倒，看你還能折騰人嗎？」

有人一直被這兩難的問題套住，待有一天卻突然跳脫出來。跳脫出來，當非找到答案，而是已勘破問題的虛妄。以虛妄故放下——歇即菩提，也能有見性之體驗。

過去有個徒弟，參話頭參了很久，終於開悟了。開悟後，卻要去揍師父：「你騙我，騙得很慘，竟用這個假問題，纏得我半死不活的！」師父回答：「我不騙你，你還出得來嗎？」問題雖是假的，但參透放下後，便以後什麼問題也騙不了你。事實上，世間的種種問題，本質上也皆如此。一旦見性後，便無所事事了！

依我的看法，中國禪宗後來所用的，其實都是假話頭。而假話頭很難參，因爲有些人對假話頭根本參不進去。

從內在中眞正的疑情去參，才是最直截了當的。從釋迦牟尼佛的生平來看，即是以他最初的疑情去參，而最後在菩提樹下頓悟成佛——我認爲這才是參禪者最原始的典範。後來找些有的沒的話頭來參，既愈造作，也愈容易發狂、著魔。

點撥

對未有疑情的學子，即丟個問題給他，讓他頓時掀起彌天漫地的疑情。

前面說過：參話頭，第一是自己本身就有疑情，就順著疑情去參；第二是本身沒有疑情，祖師就給他一個假話頭去參。現在繼續講第三種：對於沒有疑情者，祖師就丟一個問題，讓他掀起疑情，這稱爲「點撥」，或用現代的講法，即是「挑逗」。就是把本來有的疑情，掀出來。

一般人不是沒有疑情，只是在生活中太忙而忘掉，或妄想太多而覆蓋了。現在想辦法把本有的疑情，重新挑出來。若祖師很高明，徒弟也上道，這一挑，疑情馬上現起，且很快就變成疑團！下面請看一個例子。

> 潙山問：「我聞汝在百丈先師處，問一答十，問十答百。此是汝聰明靈利，意解識想，生死根本。父母未生時，試道一句看？」師被一問，直得茫然。

這主要是對香嚴而發，香嚴禪師本來就非常聰明，且書又讀得多，所以別人問一，他答十；別人問十，他答百。不管怎麼問，他總是答得出來，而且自以爲了不起。但潙山禪師很清楚：這只是靈利鬼，功夫根本未到家。所以，左想右想，刻意找個書本上沒有的問題去考他——

「父母未生時，試道一句看？」

香嚴被一問，就傻眼了，不只當場答不出來，回去再把看過的經典，細細檢點，也找不到答案。於是他就急著去哀求潙山，潙山禪師卻說：「如果我現在就告訴你，反而害了你！」

於是香嚴最後只能告假離開，自己到山上耕田、種菜。雖不再看經，但這疑情，既已印入心堂，想忘也忘不了。直到有一天，於種菜時，碰著一塊大石頭，就開悟了。悟了什麼？我們不必揣摩。

但至少「父母未生時，試道一句？」就是溈山禪師用來挑逗疑情的機鋒，這一挑逗出來，便沒有選擇的餘地，只能繼續參下去，參到開悟爲止。這個問題其實每個人都有，只是修行不夠，感觸不會那麼深。

棒喝

對有疑情的禪子，逼其作逆向思考；以逆向故，而能還源。

很多人都以爲「棒喝」就是開口罵人，或拿著棒子打人。像歷史上最有名的就是「德山棒」，德山禪師對每個來參學的禪子，都是先給他一棒。至於「喝」，最具代表的是「臨濟喝」。

依我的解碼方式，棒喝有它更深刻的用意——逼禪子作逆向思考。因爲一般人沒有逆向思考的習慣，甚至根本不知道如何逆向思考。所以照世間的思惟方式，一定是順生死流的方向。但是一個厲害的禪師，可以丟一個問題，而逼行者作逆向思考。以逆向故，才能還源；還源故，而能解脫。這樣講，各位還是不會清楚的，所以下面舉兩個公案來說明。

可曰：「我心未寧，乞師與安。」祖曰：「將心來，與汝安。」

可良久曰：「覓心了不可得。」祖曰：「我與汝安心竟。」

第一個是慧可禪師的公案。這公案雖耳熟能詳，但每個人的解碼卻不相同。沒錯，一般人在生活中、或在生命中，最大的問題就是「不能安心」，然如何才能究竟安心呢？

這問題一說，達摩祖師當然知道「要害」在什麼地方——**有心不可能安心，要無心才能安心**。但達摩祖師若直接開示「要無心才能安心」，就沒有「驀然回首」的效果。因爲無心才能安心，我們也聽得很多了，但就是不受用。於是祖曰：「將心來，與汝安。」這就是機鋒，「心既不安，且把心找來，我替你安。」這就要慧可去找心——以逼出「覓心了不可得」的結論。

可良久曰：「覓心了不可得。」因爲祖師說：「且把心找來，我替你安。」他想：我的心到底在哪裡呢？就在那邊，左想不對，右想也非然，找了老半天，卻無心可得。他變得很茫然，何以一向自以爲有心，自以爲心很煩惱，怎麼現在要治療，卻找不到心了？事實上，在說「覓心了不可得」時，他不只沒開悟，而且更渾噩得很。

最後祖曰：「我與汝安心竟。」這是什麼意思呢？「喔！我告訴你，覓心了不可得，這才是安心的秘方。」故「將心來，與汝安」，就是要逼慧可，去確認「眾生本來無心」的結論。

因此，雖然要害是無心才能安心，但達摩祖師如果直接開示，效果反而不彰。必讓慧可經歷「覓心了不可得」的過程後，再醍醐灌頂，才會更震撼、更受用。因此，結果就是：「可，言下大悟。」從逆向思考而能還源。我們再看下面的公案。

師侍馬祖行次，見一群野鴨飛過。祖曰：「是甚麼？」師曰：「野鴨子。」

祖曰：「甚處去也？」師曰：「飛過去也。」

祖遂把師鼻扭，負痛失聲。祖曰：「又道飛過去也。」師於言下有省。

師就是指百丈大師，百丈大師是馬祖的徒弟。有一天他們在郊外散步，看到一群野鴨子正飛過，馬祖靈機一動，考考看這傢伙功夫如何？於是馬祖就說：「小伙子，你看到什麼了？」百丈說：「野鴨子！」有什麼好問的嗎？馬祖再說：「野鴨子哪裡去了？」百丈說：「飛過去了！」

馬祖看這傢伙實在不爭氣！第一次說野鴨子時，就已有「著相」的嫌疑。第二次又說飛過去了，眞不知回頭是岸！所以他火大了，就把百丈的鼻子，用力一擰，百丈痛得在那邊大叫。馬祖愈看愈無奈，這傢伙只知道鼻子會痛，不知道何者不痛！最後，他只好揶揄地說：「你不是說飛過去了嗎？怎還會痛呢？」

「**又道飛過去也**」，是什麼意思呢？你不是說飛過去了嗎？如果眞飛過去了，你就應該不會痛。意思不是指鴨子飛不飛過去，而是問：你的心是否也跟著飛過去呢？

如果鴨子飛過去，我們的心也跟著飛過去，那麼即使別人把你打傷了，你都不會痛，更何況只是扭鼻子呢？飛過去的，是鴨子；從來不動的，是我們的心。因爲心沒動，所以覺知鼻子痛。因此這「又道飛過去也」，就是要百丈作逆向思考。

經過這歷程後，百丈刻骨銘心地體會到：眞心從來不動！因爲不動，才能斷除煩惱、超越生死。

從這些觀點，再重新去看公案，就不會覺得那些對答好像很唐突。之所以覺得唐突，是因爲我們一向不會逆向思考。

如何入禪

當今既無明師，我們也非高徒；眞疑情發不起，假話頭套不住。於是就算打禪七，也只是裝模作樣而已，打到驢年也不開悟！

今天雖有很多人崇尚禪法、期待開悟，但眞疑情發不起，假話頭也套不住。於是就算打禪七，也只是裝模作樣而已！

也就是說，欲學禪，如果本身有疑情，就直接去參。沒疑情，用假話頭去套，套得住也不錯。如果有明師指導，給予機鋒、棒喝，我們都可能因此上路。可是，事實上呢？都沒有！當今既無明師，我們也非高徒。

學禪者說：「法師，你就給我一個假話頭套吧！」我沒有這種能耐，想套也套不住你的啦！或說：「我們不是都有疑情嗎？那就幫我挑逗一個吧！」我怎麼挑逗你呢？所以教者既不是明師，學者也不是高徒，下場是「眞疑情發不起，假話頭套不住」，這怎麼參呢？

如參「念佛者是誰？」不用參一兩天，便索然無味。這是什麼鬼話頭？我又不念佛，幹嘛參念佛者是誰？故參一下，就還給它了。不要說套住，連溫熱都不可能。尤其以打禪七的方式，連「搵豆油」都不夠，就回家了。所以，雖到處在打禪七，以我的看法是裝模作樣而已，打到驢年也不會開悟！爲什麼？如果這麼便宜就開悟了，豈不滿街都是禪師？

很多人寧可念佛，有他力得加被，有淨土可往生。
很多人寧可修次第禪觀，而不肯修頓悟禪法。

所以，很多人最初似興致勃勃，想參禪開悟——攀緣心居多啦！而試過不久，就風捲殘雪，煙消霧散！也有很多人寧可固守念佛法門。因爲念佛，至少有他力的加被——自認爲業障深重，所以只能仰仗他力。甚至下輩子，還可期望往生淨土，比較有安全感。如果參禪，參到臨命終時，仍未開悟，下輩子不知會淪落到哪裡去？很多人都有這種恐懼，所以寧可念佛。

還有一些人，雖仍禪修，但寧可修次第禪觀。因次第禪觀感覺似乎一步一腳印，非常踏實。這法門有十個次第，現在我已修到第二、第三、第四等，可以自己揣摩、自己驗證。不像頓悟禪法，在未開悟前，一切都不知道自己身在何處？至於會不會開悟？何時能開悟？根本毫無跡象可尋。所以，今天肯死心蹋地修習頓悟法門的人，眞是鳳毛麟角！

然而有頓悟法門而不肯修習，豈不可惜？

尤其本師釋迦牟尼佛，更是參禪頓悟的典範，何以學佛而不參禪呢？

然而有頓悟法門而不肯修習，豈不可惜？當然，可不可惜是要自己去感受。否則我說可惜，你覺得不可惜，也是不能勉強的。

尤其本師釋迦牟尼佛，更是參禪頓悟的典範。我們都知道釋迦牟尼佛在菩提樹下頓悟成佛，他怎麼能頓悟呢？當然是因爲參禪，才能頓悟的。那他參的是什麼話頭呢？釋迦牟尼佛從於四城門中，見到生老病死後，「生老病死從何而來？生老病死如何能解？」便是他誓願要覺悟的疑情。所以，以這疑情而帶著他出家、帶著他學道、帶著他在菩提樹下發願「若不覺悟，誓不起座」。從頭到尾都是因這個疑情而激發、貫穿的。

因此，釋迦牟尼佛在修外道定——無想定、非想非非想定時，外道皆確認他已成就了，而他卻自認未成就。爲什麼呢？因爲疑情還未澄清。等到在菩提樹下頓悟時，他才肯定一切疑情已圓滿解決。

因此講到參禪，釋迦牟尼佛是最標準的典範。我們要學佛，從哪裡學呢？就直接學佛最初怎麼發心，怎麼參禪吧！而非只持個佛名便是學佛。所以，學佛而不參禪，怎算是學佛呢？

從漸修到頓悟

之前已說：沒有正知見的基礎，即使參禪，也不會開悟。又須「從定發慧」，若妄想太多，要參禪也頂難！

如果我只是鼓勵、勸勉大眾來修頓悟禪法，最後還是難免落入剛才所講的困境中——眞疑情發不起，假話頭套不住。因此，我覺得目前要處理的，並不單鼓勵、勸勉大眾來修頓悟禪法，而是要規劃好：如何從漸修的基礎，以培養頓悟的可能？

首先就是要有正知見。前面提過：沒有正知見的基礎，而只是去參話頭或疑情，我認爲是不會開悟的。因此在參禪之前，就得先建立正知見。在八正道中，首先就是正見，故得從聞思的歷程，建立正知見。而正知見的建立，即屬於漸修法門。

再以正知見爲基礎，培植定力。
待定力深厚了，自然能現起眞疑情。

正知見有了之後，其次要修習定力。如果定力不深，妄想太多，要參禪也是參不上去的。

何謂從正見的基礎，以培植定力呢？很多人以爲，用「制心一處」的原則而數息或念佛，就是修定。其實這些本質上都是「共外道法」，而不是佛教的特勝。要用正知見的基礎，來成就定力，才是佛教的特勝。何謂用正知見來成就定力？即從「無常、苦、空、無我」的法印，而內消貪瞋慢疑等妄想雜念。以此修習，才能證得正定，否則，四禪都還屬於外道定！

待定力深厚，自然能現起眞疑情。事實上，眾生不是沒有疑情，只要未大悟徹底，怎可能沒疑情呢？但何以凡夫眾生不覺得有疑情？因爲妄想雜念太多，把疑情蓋住了。

故待定力深厚，即是已把妄想雜念慢慢剝捨，剝捨到最後，終於把被蓋住的疑情掀出來。而且一掀出來，很快就變成疑團。因爲當妄想很少時，疑情不是像小草漸冒出來；而是像火山，頓時就爆發開了，一爆發，即成疑團！

篩選疑情

前面說：現代人眞疑情發不起。其實不是發不起，而是守不住。或者疑情現起了，即張皇失措，逃之夭夭。

前面說：現代人學禪的困境是眞疑情發不起。其實不是發不起，而是守不住。因疑情隨時隨地都會現起的，只是現一下就消失了。爲什麼呢？因爲太忙了，因爲妄想雜念太多了。

其次，有些人疑情雖然現起了，但他不敢去承擔、面對。於是便張皇失措，逃之夭夭。

現決定老實去面對，故於內觀時，對偶然現起的疑情多加留意；慢慢篩選，以確認所要參究的疑情。

既然想參禪，就要重新去面對我們的疑情，篩選我們的疑情。故於內觀時——就是動心起念時，就要更仔細去檢查我們的念頭。裡面有很多是與疑情有關的——不只是有，而且是很多。

然今天現起這個疑情，明天現起那個疑情，有些疑情不斷現起，有些卻只一乍現就過去了。因此，待檢查一段時間後，再慢慢篩選，以確認所要參究的疑情。如偶而乍現一下就不見了，表示那疑情不深；若經常反覆出現的，那對你而言，應是比較切要的。或者可用理智分析，有些是屬於枝末，有些近於根本。枝末的、偶而出現的不用參，經常出現的、根本的再去參就行。這樣選定一個主題，專參這個就行，不要同時參很多問題。若眞能參破一個話頭，其他的就同類可解。這是第一，從我們的動心起念中篩選疑情。

也可能於修定過程中，倏然現起疑團。

也可能於調脈的過程中，倏然現起疑情。

第二，如前所說：可能於修定的過程中，倏然現起疑情，且很快變成疑團。

第三，可能於調脈的過程中，倏然現起疑情。爲什麼呢？因爲氣脈上的障礙，很多時候是跟我們的心障、心結有關。故觀念矛盾，氣脈就自然產生糾纏；心態偏端，氣脈也跟著失調。欲通調脈障，得先處理心結。於是這時的心結，就現起爲疑情。疑情現起後，我們自然轉成參禪法門。待疑情參破時，脈障同時也跟著消除。

也可能於聽經聞法的過程中，現起不同的疑情。

或者直以禪宗的某公案爲疑情，而參究之。

第四，也可能於聽經聞法的過程中，現起疑情。例如聽到《金剛經》「**應無所住而生其心**」這句話，覺得似懂非懂。說懂嘛，也不敢說自己懂了什麼；可是又覺得這句話很有韻味、很有內涵。於是就經常去參究這句話的涵意，這就變成參禪法門了。

第五，或者看到禪宗的某個公案，也覺得似懂非懂。有點像在霧裡看花，在朦朧中別有洞天。於是，就把這個公案當做疑情來參，三不五時就想想這個公案。直到有一天，終於確認其中的玄機。

奉勸諸位，看公案時，看得懂就罷了；看不懂，也不要聽別人解說。因聽別人解說過後，它反而死了——參不下去了，但你卻因此而得少爲足。

從以上的因緣，選定我們所要參究的疑情。否則，今天參這個，明天究那個，力量都是分散的。如已確認所要參究的疑情，才能集中火力。而火力集中後，也才有可能突破。

水到渠成

從內觀而內攝，從內攝而內消。

若頓悟者，則是頓消也。

總之，修行的大原則，即是這句話：「**從內觀而內攝，從內攝而內消。**」內觀就是觀照我們的動心起念，在動心起念中，有的是有煩惱的，有的是有迷惑的。不管是煩惱或迷惑，就選定其中的一點，專注在那地方，這稱爲「內攝」。

內觀，是就整體來觀。而內攝，是把注意力集中在一個焦點上，這焦點或是已篩定的疑情，或是所欲對治調伏的煩惱。內攝到最後，終於把問題勘破了、解決了，則稱爲「內消」。而能夠內消，就是證悟。故能漸消，就是漸悟；能頓消，就是頓悟。

既是頓悟，則何時得悟，非有徵兆可得，也不可將心待悟。只是不斷懸之又懸，提之又提；待因緣成熟，自然水到渠成。

既然稱爲「頓悟」，何能有徵兆？故不要想：我好像快開悟了。這念頭一閃，不只不得悟，甚至還可能因此著魔發狂。

反之，愈大的逆障，才愈有轉機的可能。因爲很順時，誰會作逆向思考？反而是在最艱難時，才會逼你作逆向思考；而能作逆向思考，即有頓悟的可能。所以哪時候會悟？不要用「世間的漸進線」去揣摩，若能揣摩，即非頓悟法門！

其次，也不可「**將心待悟**」。因爲將心待悟，也是不只不得悟，甚至還有因此著魔發狂的可能。

只是不斷地把疑情，懸之又懸，提之又提；待因緣成熟，水到渠成時，這疑情就脫落了、內消了，而稱爲「頓悟」。

那頓悟，需要驗證嗎？我認爲不需要驗證，因爲你的疑情，是否已內消？自己應該很清楚。但是後來都偏說要驗證，何以故？因參的都是假話頭，所以消或未消，便無法分辨！

6
淨如

淨的原意

非於染淨對立中，捨染取淨；
而是已入不二法門中，既一切放下，也一切涵容。
諸法無非是淨，也無非是如。

「淨如」是講果。所以，不需要講太多，只要在「因」中多努力，水到渠成，自然就會有果了。

首先，如何是「淨」？一般人所瞭解的淨，大部分都是從相上去說的。而從相上去說的淨，必從對立中去分別染淨，故本質上還非眞淨。比如傳統上的淨土宗，因覺得娑婆世界很苦，所以求生西方極樂淨土。這種淨就禪法來講，還是不淨的！因爲還不離「分別、取捨」之心。

眞正的淨，是要從心上去淨的。心如何能淨呢？就是不在染淨的對立中作取捨分別。也就是對當下的境界，既能一切放下，也能一切涵容。所以眞正的淨，是入不二法門，能所、心物是統一的。既然是統一的，那還有什麼好「分別、取捨」的。

能從心地法門裡，去體證眞正的淨，則諸法無非是淨，也無非是如，到處都是淨土。因此對於淨，首先講到「默照禪」。然我個人對默照禪的體認，跟別人有些不一樣。

默照禪

默，即不作意、無心用。照，即能所雙泯、心境一如。以心境一如故，無遠近、大小、粗細、美醜之別。

如何是「默」呢？默是不作意，如果作意了，就不是默。不作意，就是不用心、無心用。若還有「分別、取捨」之心，便非默。簡單講，默是無心，無心才能默。

從無心之中，去照什麼呢？照跟不照，其實是一樣的，因爲那時內心跟外境，已完全統一了。在「**心境一如**、**能所雙泯**」的證量中，豈有「照跟不照」的差別？至於所照境界的遠近、大小、粗細、美醜，其實都無所謂。故不會在境界上，再去分別這是遠、那是近，此爲醜、彼爲美。若有這些分別心，即非心境一如，即非默照。

默照，是禪悟後的證量，非因位中的修習方便。更非以作意心，而於境相上計較大小、全缺等。

我再三說過：默照，是禪悟後的證量，它不是刻意學來的。刻意去學，即是有心；而有心，即非默！至於所謂的「無心」，是因爲原來的執著已剝捨、消逝，才成爲無心的。故若有心去學，那當還是有心。至於無心，無心還學什麼呢？所以我認爲：默照，非因位中的修習方便，它不是拿來修行的法門。更不是用作意心、分別心，去照境界的大小、全缺、遠近。用取捨心來分別境界，便絕非默照禪。

若欲以默照爲修習方便，則當以「默」的心法而用功，漸剝其作意、分別、取捨之心，而當剝至一念不生，即全體現。

退而求其次，就算以「默照」爲方便而修習用功，當從「默」的心要去下手，而非在「照」境中作分別。如何從「默」的心要去下手？主要是反觀自己：是有心，還是無心？是分別，還是不分別？是取捨，還是不取捨？如果有分別，就要放下分別；有取捨，就要放下取捨；有作意，就要放下作意。

從不斷地剝捨作意、分別、取捨之心，而能與默漸漸相應。當剝至一念不生，即全體現，而完成內外的統一。

事實上，佛教所有的修行法門，都是要我們先放下，以證悟眞空。從眞空中，自然能展現出妙有的境界。下面我們用《楞嚴經》的〈耳根圓通章〉作對照。

> 初於聞中，入流亡所。所入既寂，動靜二相了然不生。
> 如是漸增，聞所聞盡；盡聞不住，覺所覺空。空覺極圓，空所空滅。
> 生滅既滅，寂滅現前。忽然超越世出世間、十方圓明，獲二殊勝。

「**初於聞中，入流亡所。所入既寂，動靜二相了然不生。**」這是第一個層次，把對境界的分別取捨先放掉。亡所，「所」是對象；剛開始「能」還不能忘，但至少要忘掉「所」。於是因已「亡所」，故動靜二相，就變得沒差別了——不再去分別聲音的有無，更何況遠近、大小、多少。

「如是漸增，聞所聞盡；盡聞不住，覺所覺空。空覺極圓，空所空滅。」這要解釋清楚的話很花時間的。但至少，在第一層次中先把「所」忘掉；在第二層次中，再把「能」捨了。最後「能所」盡亡，才能進入「眞空」的境界中。

「生滅既滅，寂滅現前。忽然超越世出世間、十方圓明，獲二殊勝。」就是說：從眞空的體證中，自然展現出妙有的境界來，而能忽然超越世出世間、十方圓明，獲二殊勝。

以默照禪的修習方便，也是一樣。得先從「默」的心法下功夫，把「能所」的對立分別消除後，自然能顯現出朗「照」無限的境界。

佛法的修行次第，不出「從眞空入妙有」的模式，
不可能「從俗有到妙有」，也不可能「從小我到大我」。

可是一般人的思考方式，卻是希望從小我到大我，從俗有到妙有。事實上，這是不可能的。就像在禪法裡，若不經過「看山不是山，看水不是水」的階段，即不能到達最後「看山還是山，看水還是水」的證量。一定要經過第二層次——眞空的轉折，才能進入妙有的世界。

若謂默照禪爲「只管打坐」，或只作意、分別、取捨於境相的大小、全缺，皆可名之爲「默照邪禪」。

很多人說：默照禪爲「只管打坐」。而我對「只管打坐」一直不知道是什麼意思。難道盤著腿，就叫只管打坐嗎？那盤著腿、繼續打妄念，也是在修默照了！

所以，既不是只盤腿，就是修「默照」；也不是坐在那裡、無所事事，就是修「默照」。最重要的是要把分別心、取捨心全放下，這才稱爲「默」。否則，若只管打坐，就是默照；那只管睡覺，何非默照呢？

對一個剛開始修行的人，一定要給他明確的方向，他才有辦法去用功。故「只管打坐」，或只在照境上去分別大小、遠近、多少等，皆可名之爲「默照邪禪」。因爲它跟「從眞空入妙有」的修行模式全不相應。

關於「淨如」的說明，因是屬於果德，非我所證，故以大乘佛法的經文作引證說明。以下引證的主要有三部經：一是《維摩詰經》，二是《圓覺經》，三是《華嚴經》。

不二法門

首先講到《維摩詰經》，主要引用的是〈入不二法門品〉。

爾時維摩詰謂眾菩薩言：「諸仁者！云何菩薩入不二法門？各隨所樂說之！」

在維摩詰、文殊菩薩以及很多菩薩的眾會中，維摩詰問：「我們如何能入不二法門？各隨自己所信受的或所修證的，發表你們的心得。」

會中有菩薩名法自在，說言：「諸仁者！生滅為二，法本不生，今則無滅。得此無生法忍，是爲入不二法門。」

何謂「生滅不二」呢？一般人都是從「個體」的觀點而講有生滅的，有一個個體生了，有一個個體滅了，所以稱爲「有生有滅」。但若從緣起的角度——眾緣所生法去看，根本就沒有個體可得。因爲在緣起中，一切法都是互爲因緣。既是界限不可得，就沒有個體；而沒有個體，就無法去論：哪個生？哪個滅？簡單講，因爲無個體、無界限，所以無生滅。如用這觀點來看自己的生死，其實自己本來就不存在，更何況有生死呢？我們都只是大海的一小部分，而從大海去看，是從來都不動、不搖的。

德守菩薩曰：「我我所爲二，因有我故，便有我所。若無有我，則無我所；是爲入不二法門。」

第二個也是一樣，「我、我所爲二，因有我故，便有我所。」一般人也是從個體的角度，而認定：這個我，那不是我；跟我有關的，就是我所；跟我無關的，就非我所。

從眾緣所生法去看，根本就沒有一個獨立的個體可稱之爲我。既然無我，也就無我所了。或者，既然一切都跟我有關，則何非我所呢？因此，是我、非我，是我所、非我所，便皆無隔！

妙臂菩薩曰：「菩薩心聲聞心爲二，觀心相空，如幻化者。無菩薩心，無聲聞心。是爲入不二法門。」

有人說：菩薩才會度眾生，而聲聞就只能自度。事實上，沒有自度的基礎，何能度眾生呢？那麼有「只自度而不度他」的可能嗎？不可能！爲什麼？因爲若還有一個「自」，且以「自」爲界限，這絕對未自度。

要覺悟到「自、他本無界限」，才可能眞正的自度。而既覺悟到「自、他本無界限」，則自度後，當就隨緣度他了。所以菩薩心與聲聞心，本質上是沒有差別的；但在修行的過程中，仍有比重的不同。

剛開始時，當以自度爲主要的課題；待功夫慢慢純熟了，自度與度他是可兼容並進的。所以菩薩心與聲聞心，實能相得益彰，而成不二法門。

那羅延菩薩曰：「世間出世間爲二，世間性空，即是出世間。於其中不入不出，不溢不散。是爲入不二法門。」

「**世間性空，即是出世間**」，這句話很有深意。如何才能出世間呢？覺悟諸法性空，即是出世間。

過去我也說過：何謂出世？出世間無明，即是出世；何謂入世？入諸法實相，即是入世。而出世間無明，與入諸法實相不就是一體的兩面嗎？因此能不出不入、不溢不散，而入不二法門。

善意菩薩曰：「生死涅槃爲二，若見生死性，則無生死。無縛無解，不然不滅。如是解者，是爲入不二法門。」

為何「**若見生死性，則無生死**」呢？眾生因執著有我，才有生死。然在生死交替中，即證明其本無我！

生死性，即是無我；而無我，即無生死。故在生死當下，即是涅槃；而非離於生死相外，別有涅槃。如是解了，便能入不二法門。

電天菩薩曰：「明無明為二，無明實性即是明，明亦不可取，離一切數。於其中平等無二者，是為入不二法門。」

很多人以為：雖然眾生是無明的，但學佛之後，即應愈來愈清明。於是這明與無明，就成對立的二法了。

事實上，「**無明實性即是明**」。為什麼呢？知諸法本來如幻，這就是「**明**」。而非更去明瞭什麼，才稱為「明」。只要不被相所迷惑、不於相起執著，這就是「明」。所以「明」亦不可取！然很多人於學佛的過程中，一直想去抓住一些東西，以證明自己有所明、有所悟，這才是大問題。

眞正的「明」，也只是把迷惑、執著慢慢捨掉。而捨掉之後，也不覺得自己已經明了，這才眞正已捨離無明。簡單講，著相就是無明，不著相才能明。故只是不著，而非更去明瞭什麼。

在《維摩詰經》的〈入不二法門品〉裡，還有很多菩薩各發表不同的意見，這裡只能節錄幾個較具代表性的作說明。

如是諸菩薩各各說已，問文殊師利：「何等是菩薩入不二法門？」文殊師利曰：「如我意者，於一切法無言無說，無示無識，離諸問答。是爲入不二法門。」

文殊菩薩的意思是：必不分別、不取捨，才能入不二法門。你們說了半天，還是分別取捨呢！

於是文殊師利問維摩詰：「我等各自說已，仁者當說：何等是菩薩入不二法門？」時維摩詰默然無言。文殊師利歎曰：「善哉善哉，乃至無有文字語言，是眞入不二法門。」

時維摩詰默然無言。為什麼呢？如果還有「動心跟不動心」的差別，那表示還未入不二法門。於是文殊師利歎曰：「**善哉善哉！乃至無有文字語言，是眞入不二法門。**」無有文字語言，非不開口說話而已，而是不動心起念去分別取捨。

維摩詰的「默然無言」。還是因已入前述之不二法門，才能默然無言！

很多人對於「云何入不二法門」，只記得維摩詰最後的默然無言，就是最究竟的。事實上，如果前面的關節不先打通，只學維摩詰的默然無言，是沒有用的。如俗話說：水仙不開花，裝蒜而已！

事實上，也非一定得「不言」，才能入不二法門。否則，維摩詰前後所說的，即非入不二法門！又釋迦牟尼佛也說法四十九年，豈非也未入不二法門呢？所以問題不在「言與不言」，而在於「執著與不執著」而已！

以上，我只是引經論證，如覺得這樣說不夠詳細，回頭自己看〈入不二法門品〉，就會更詳細。如還嫌斷章取義，乾脆把《維摩詰經》整部看完，便可更清楚！

圓覺清淨

下面再看《圓覺經》，經中共有十二位菩薩的請法與佛的開示。我主要引述的是〈普眼菩薩章〉。

心清淨故，見塵清淨；見清淨故，眼根清淨；根清淨故，眼識清淨……如是乃至耳鼻舌身意，亦復如是。

所謂「**清淨**」，不只是內心的清淨而已！而是在內心清淨的當下，外界也跟著清淨。並不是外界一塌糊塗，我不管它，自得清淨。因爲證到最後，內外當是沒有界限的。若外面很亂，卻裝做很清淨，其實你還不能眞正清淨。

必「**能**」清淨，「**所**」也清淨；心既清淨，見塵也清淨。同理，耳、鼻、舌、身、意，諸識都跟著清淨。

一切實相性清淨故，一身清淨；一身清淨故，多身清淨；多身清淨故，如是乃至十方眾生圓覺清淨。

甚至這清淨，也不只是個人「自受用」的清淨，連周邊眾生也跟著得「他受用」的清淨。何以故？因自他本無界限。

我們看《高僧傳》：有些高僧只在山上獨修，而未說法教化，即感得風調雨順，猛獸蟒蛇歸化馴服。他不是刻意現神通，而是所證清淨心，自然感召的結果。這是因緣法，本來如是。

有些大乘佛法，常批評聲聞乘是自了漢。「自了漢」這稱呼，本質上就有很大的問題。因為「自」是不可能了的，如果只了自己，而不去度眾生，表示我跟眾生還有界限；而有界限，便不可了了！所以用「自了漢」這稱呼，表示對法還未有真正的瞭解，才「無的放矢」地誣賴說小乘不究竟。事實上，在稱呼自了漢的當下，不正表示你自己也不夠究竟嗎？

自跟他之間，是沒有界限的；所以能從一身清淨，到多身清淨，乃至十方眾生圓覺清淨。

覺成就故，當知菩薩不與法縛，不求法脫；不厭生死，不愛涅槃；不敬持戒，不憎毀戒；不重久習，不輕初學。

對一位眞正成就者而言，既能一切放下，也能一切涵容。所以既不覺得世間是束縛，當就不必另求解脫。既不以生死為厭，當就不別求涅槃。一切對他而言，皆非對立矛盾。然所謂無差別，不是相的無差別，而是沒有取捨的芥蒂。

且用一種比喻：比如我已吃飽了，而不能再吃了！所以當別人端炒飯來時，我也知道它是炒飯，但我不吃。同理，等一下又有人拿橘子來，我也知道那是橘子，但我仍不吃。不是連橘子、炒飯都搞不清楚，才叫不分別。而是因為我不吃，所以無分別！

同樣，例如陪別人去逛百貨公司。雖然每樣物品的功能、價位，我都很清楚，可是因為我什麼都不缺，所以逛跟不逛，見或不見，昂貴或便宜，對我而言，都無所謂！不是一切懵懵懂懂的，才是不分別。不是得變得呆呆的，什麼都不知道，才叫有修行。

同理，對於久習者與初學者，也能一視同仁。至於要敬持戒者、或毀犯戒者，則尊重個人的選擇，因為因果是各自去承擔！

或者我們再用一種比喻：為人師長者，有教無類，是心性的不分別。至於因材施教，即所相之分別。所以是在不分別中有分別，在分別中有不分別。否則，愈學佛愈糊塗，既不是聲聞，當更非菩薩！

何以故？一切覺故。譬如眼光，曉了前境，其光圓滿，得無憎愛。何以故？光體無二，無憎愛故。

就像眼光，能夠照境，黑的、黃的，皆能一覽無餘。可是，就光而言，沒有什麼要照、什麼不要照的差別。所以，爲何眞心能遍法界呢？既爲心性，乃普遍性；也爲心相，無憎愛故。

淨，非純自受用，亦非純內心之覺受。是從自而他，從心及物，漸臻圓滿。

因此所謂的「淨」，絕不只是「自受用」而已！如果僅止於自受用，就會被人懷疑是「阿Q主義」。阿Q就是只能吃酸葡萄，而謂：我就是喜歡吃酸葡萄。

要在內外間，都表現得很圓滿，才是眞正的淨。於是，初從內心的淨，到外物的淨；從自己的淨，到他人的淨；從有限的淨，到無限的淨。以此而慢慢趨向圓滿，這才是眞「淨」。這是講到《圓覺經》的淨。

菩薩問明

下面我們再看《華嚴經》，主要引用的是〈菩薩問明品〉。

爾時文殊師利菩薩，問覺首菩薩言：「佛子！心性是一，云何見有種種差別？所謂往善趣惡趣，諸根滿缺受生同異，端正醜陋苦樂不同。業不知心，心不知業，受不知報，報不知受……」

心性是一，爲什麼會產生這麼多差別的心相呢？

時覺首菩薩，以頌答曰：

諸法無作用，亦無有體性，是故彼一切，各各不相知。
譬如河中水，湍流競奔逝，各各不相知，諸法亦如是。
亦如大火聚，猛焰同時發，各各不相知，諸法亦如是。
又如長風起，遇物咸鼓扇，各各不相知，諸法亦如是。
又如眾地界，展轉因依住，各各不相知，諸法亦如是。

一般人都習慣用「主導」的方式，去認識這世間。事實上，譬如河水浪濤向下急流時，它們有意識到正向下急流嗎？或者這是它們所選擇的嗎？是它們約定好的嗎？都不是，是因爲「地心引力」的關係，所以河水浪濤向下湧流。然地心引力又是從哪裡來呢？反正有其因緣！所以河水浪濤向下湧流，並非誰在主導。

同樣，火在燃燒時，可能十根木頭、百根木頭同時在燒。是它們約定好的嗎？或它們能意識到自己在燒嗎？都不是！至於風的震物，地之堅持等亦然。

所以誰在主導呢？沒有，從來沒有！

眼耳鼻舌身，心意諸情根，以此常流轉，而無能轉者。
法性本無生，示現而有生，是中無能現，亦無所現物。

從因緣法裡，去看六根的反應，也只是法爾如此而已！而非有一個內在者在掌控、在操作。

爾時文殊師利菩薩，問寶首菩薩言：「佛子！一切眾生，等有四大，無我無我所；云何而有受苦受樂，端正醜陋，內好外好，少受多受，或受現報，或受後報？然法界中，無美無惡？」

時寶首菩薩，以頌答曰：

隨其所行業，如是果報生，作者無所有，諸佛之所說。
譬如淨明鏡，隨其所對質，現像各不同，業性亦如是。
亦如田種子，各各不相知，自然能出生，業性亦如是。
如機關木人，能出種種聲，彼無我非我，業性亦如是。

眾生既然無我、無我所，何以業相、受報各不相同呢？譬如明鏡，有什麼物，就現什麼像。它雖無所分別，卻能如實反應。

又像田裡撒諸種子，時節到了，就發芽！此既非種子作意「我要發芽了」，才發芽的；也不是地界催促它「你該發芽了」，所以才發芽的。又如機器人，既能出種種聲音，也能作種種動作，卻還是無我、無心！

以上引證這麼多經文，是在昭示我們：緣本身，就有分別、取捨的；而非有人、有心，才能分別取捨。就像磁鐵一樣，同極相斥，異極相吸。磁鐵雖是沒有生命、沒有情識的，但依然能分別取捨。同樣水向下流，火向上燒，也是因緣法中自作的抉擇！

人只是更複雜的因緣而已！而非有能主導者。能這麼想，一切就很輕鬆了。我什麼都不用去想，只要隨緣反應就可以了。事實上，能隨緣反應，才更精準。

所以不要想神通有多厲害。從另一個角度來看，反而是什麼都放下了，才能直截了當地去反應，所以才這麼厲害。我們就是因爲想太多，反而不準了！

聽說有些動物生病時，會自己去找藥吃，吃過後，病就好了。現代人就不是這樣，要透過很多醫生、很多醫學知識，告訴我們這時要吃什麼，那時要吃什麼。而吃到最後，有那麼健康嗎？未必！

我常說：現代人是用頭殼吃飯，而不是用肚子吃飯。用肚子吃飯，是指順著身體的反應去作抉擇。如果身體欠缺某種營養，我們會對具有這營養的食品，特別有興趣。而吃了之後，也會吸收得更完整。但現代人都已失去這種能力。爲什麼呢？因爲我們都是用頭殼去吃飯的。

所以文明，到底是進步，還是退步呢？很難說啊！至少學佛後，要捨掉一些在相上的分別取捨。

爾時文殊師利菩薩，問德首菩薩言：「佛子！如來所悟，唯是一法，云何乃說無量諸法，化無量剎，現無量神通，顯示無邊種種境界？而法性中，此差別相，皆不可得。」

時德首菩薩，以頌答曰：

譬如地性一，眾生各別住，地無一異念，諸佛法如是。

亦如火性一，能燒一切物，火焰無分別，諸佛法如是。

亦如大海一，波濤千萬異，水無種種殊，諸佛法如是。

亦如風性一，能吹一切物，風無一異念，諸佛法如是。
亦如大雲雷，普雨一切地，雨滴無差別，諸佛法如是。
亦如地界一，能生種種芽，非地有殊異，諸佛法如是。
如日無雲曀，普照於十方，光明無異性，諸佛法如是。
亦如空中月，世間靡不見，非月往其處，諸佛法如是。

我們不要以爲釋迦牟尼佛每天都在左思右想，想今天當說何種法？明天當說何種法？或想對某甲眾生當說何法？對某乙眾生當說何法？

其實，只是隨緣去反應！因爲眾生的緣不同，所以能隨類而各得其解。而我們就是想太多，反把自己纏得要死不活的。

爾時諸菩薩謂文殊師利菩薩言：「佛子！我等所解，各自說已。唯願仁者，以妙辯才，演暢如來，所有境界：何等是佛境界？佛境界因？佛境界度？佛境界入？佛境界智？佛境界法？何等是佛境界說？佛境界知？佛境界證？佛境界現？佛境界廣？」

時文殊師利菩薩，以頌答曰：

如來深境界，其量等虛空，一切眾生入，而實無所入。
如來深境界，所有勝妙因，億劫常宣說，亦復不能盡。
隨其心智慧，誘進咸令益，如是度眾生，諸佛之境界。
世間諸國土，一切皆隨入，智身無有色，非彼所能見。
諸佛智自在，三世無所礙，如是慧境界，平等如虛空。
法界眾生界，究竟無差別，一切悉了知，此是如來境。
一切世間中，所有諸音聲，佛智皆隨了，亦無有分別。
非識所能識，亦非心境界，其性本清淨，開示諸群生。
非業非煩惱，無物無住處，無照無所行，平等行世間。
一切眾生心，普在三世中，如來於一念，一切悉明達。

眞正的「淨」，是從不分別、不取捨而成就的；但不分別、不取捨，卻不是呆呆笨笨的，一無所知。而是當順著「所有」的緣，而自然顯現出「抉擇」的功能。故不只能反應、能抉擇，還當比作意的反應、抉擇更精準、更圓滿。憑什麼呢？憑的就是緣起、法爾如此的原則！所以「何以從眞空出妙有」呢？一切不分別、取捨，即是證眞空。能反應得很精準、很圓滿，即是出妙有。

小結

淨，是於「無功用心」中，更趨向於理事無礙、事事圓滿之境界。如所謂：千江有水千江月，萬紫千紅總是春。

淨雖無分別、不取捨，但不是默照當下的境界而已；而是猶能隨緣而作反應。譬如一般常說的：扣鐘，大扣則大鳴，小扣則小鳴。鐘雖無分別取捨，卻能如實作反應。譬如春天到了，百花齊放。花非有知，亦非無知，但自能隨緣而作反應。更何況是大智圓明的佛菩薩，怎會不能隨緣而作如實的反應呢？

當然，扣鐘是較單純的因緣，所以反應的方式，也就很一致了。花的因緣，就複雜一些。至於佛、菩薩，所涵容的因緣更多，反應的方式當就愈巧妙。

一般人都是從「有心去造作」來體會這世間，故不離於煩惱生死。而修行者，當從「無功用行」中去體證解脫道與菩薩道。以「無功用行」故，才能既離煩惱生死，又能理事無礙、事事無礙。

所以，「千江有水千江月」，月雖無心，高掛天空，但猶能隨緣映照。故千江有水，即千江有月。「萬紫千紅總是春」，在春天中，雖百花齊放，萬紫千紅，但總歸是春天。同樣，在法界中，雖六凡四聖，世出世間，但總歸一心。

凡俗人只一味地分別取捨，那當然是落入「著有」的一邊。反過來，只強調不分別、不取捨，也可能又落入「斷滅」的那邊。要不分別、不取捨，而能如實作反應，能更圓滿地作抉擇，這才是中道不二法門。

關於淨門，既屬果德，則多於因地用功，自然水到渠成，而不必多言。然亦不能不言，否則連終極目標都不確認，如何能有正見？

以上都是理論，而理論即使講得再圓滿，若自己不用功，也無法證得。所以講太多果德，其實沒有什麼大幫助。眞正的修行人，應在「因地法門」裡多下功夫。功夫深了，自然就能水到渠成，故不必講那麼多果德。

可是如果都不講，連最後的目標是什麼都不清楚，在過程中，是走對、或走錯，就無法辨認了！所以果德，要講到什麼地步，還是要看眾生的根機。

在「淨」的部分，就點到爲止。各位如果有興趣，可把我引用的三部經，再仔細研讀。《維摩詰經》比較短，《圓覺經》也不算長，至於《華嚴經》就很長了。甚至再深入經藏，或親近諸方善知識，便能更清楚。

橡樹林文化 ❖❖ 善知識系列 ❖❖ 書目

JB0001	狂喜之後	傑克・康菲爾德◎著	380 元
JB0002	抉擇未來	達賴喇嘛◎著	250 元
JB0003	佛性的遊戲	舒亞・達斯喇嘛◎著	300 元
JB0004	東方大日	邱陽・創巴仁波切◎著	300 元
JB0005	幸福的修煉	達賴喇嘛◎著	230 元
JB0006	與生命相約	一行禪師◎著	240 元
JB0007	森林中的法語	阿姜查◎著	320 元
JB0008	重讀釋迦牟尼	陳兵◎著	320 元
JB0009	你可以不生氣	一行禪師◎著	230 元
JB0010	禪修地圖	達賴喇嘛◎著	280 元
JB0011	你可以不怕死	一行禪師◎著	250 元
JB0012	平靜的第一堂課——觀呼吸	德寶法師 ◎著	260 元
JB0013X	正念的奇蹟	一行禪師◎著	220 元
JB0014X	觀照的奇蹟	一行禪師◎著	220 元
JB0015	阿姜查的禪修世界——戒	阿姜查◎著	220 元
JB0016	阿姜查的禪修世界——定	阿姜查◎著	250 元
JB0017	阿姜查的禪修世界——慧	阿姜查◎著	230 元
JB0018X	遠離四種執著	究給・企千仁波切◎著	280 元
JB0019X	禪者的初心	鈴木俊隆◎著	220 元
JB0020X	心的導引	薩姜・米龐仁波切◎著	240 元
JB0021X	佛陀的聖弟子傳 1	向智長老◎著	240 元
JB0022	佛陀的聖弟子傳 2	向智長老◎著	200 元
JB0023	佛陀的聖弟子傳 3	向智長老◎著	200 元
JB0024	佛陀的聖弟子傳 4	向智長老◎著	260 元
JB0025	正念的四個練習	喜戒禪師◎著	260 元
JB0026	遇見藥師佛	堪千創古仁波切◎著	270 元
JB0027	見佛殺佛	一行禪師◎著	220 元
JB0028	無常	阿姜查◎著	220 元
JB0029	覺悟勇士	邱陽・創巴仁波切◎著	230 元
JB0030	正念之道	向智長老◎著	280 元

JB0031	師父——與阿姜查共處的歲月	保羅・布里特◎著	260 元
JB0032	統御你的世界	薩姜・米龐仁波切◎著	240 元
JB0033	親近釋迦牟尼佛	髻智比丘◎著	430 元
JB0034	藏傳佛教的第一堂課	卡盧仁波切◎著	300 元
JB0035	拙火之樂	圖敦・耶喜喇嘛◎著	280 元
JB0036	心與科學的交會	亞瑟・札炯克◎著	330 元
JB0037	你可以，愛	一行禪師◎著	220 元
JB0038	專注力	B・艾倫・華勒士◎著	250 元
JB0039X	輪迴的故事	堪欽慈誠羅珠◎著	270 元
JB0040	成佛的藍圖	堪千創古仁波切◎著	270 元
JB0041	事情並非總是如此	鈴木俊隆禪師◎著	240 元
JB0042	祈禱的力量	一行禪師◎著	250 元
JB0043	培養慈悲心	圖丹・卻准◎著	320 元
JB0044	當光亮照破黑暗	達賴喇嘛◎著	300 元
JB0045	覺照在當下	優婆夷　紀・那那蓉◎著	300 元
JB0046	大手印暨觀音儀軌修法	卡盧仁波切◎著	340 元
JB0047X	蔣貢康楚閉關手冊	蔣貢康楚羅卓泰耶◎著	260 元
JB0048	開始學習禪修	凱薩琳・麥唐諾◎著	300 元
JB0049	我可以這樣改變人生	堪布慈囊仁波切◎著	250 元
JB0050	不生氣的生活	W. 伐札梅諦◎著	250 元
JB0051	智慧明光：《心經》	堪布慈囊仁波切◎著	250 元
JB0052	一心走路	一行禪師◎著	280 元
JB0054	觀世音菩薩妙明教示	堪布慈囊仁波切◎著	350 元
JB0055	世界心精華寶	貝瑪仁增仁波切◎著	280 元
JB0056	到達心靈的彼岸	堪千・阿貝仁波切◎著	220 元
JB0057	慈心禪	慈濟瓦法師◎著	230 元
JB0058	慈悲與智見	達賴喇嘛◎著	320 元
JB0059	親愛的喇嘛梭巴	喇嘛梭巴仁波切◎著	320 元
JB0060	轉心	蔣康祖古仁波切◎著	260 元
JB0061	遇見上師之後	詹杜固仁波切◎著	320 元
JB0062	白話《菩提道次第廣論》	宗喀巴大師◎著	500 元
JB0063	離死之心	竹慶本樂仁波切◎著	400 元
JB0064	生命真正的力量	一行禪師◎著	280 元

JB0065	夢瑜伽與自然光的修習	南開諾布仁波切◎著	280 元
JB0066	實證佛教導論	呂真觀◎著	500 元
JB0067	最勇敢的女性菩薩——綠度母	堪布慈囊仁波切◎著	350 元
JB0068	建設淨土——《阿彌陀經》禪解	一行禪師◎著	240 元
JB0069	接觸大地—與佛陀的親密對話	一行禪師◎著	220 元
JB0070	安住於清淨自性中	達賴喇嘛◎著	480 元
JB0071/72	菩薩行的祕密【上下冊】	佛子希瓦拉◎著	799 元
JB0073	穿越六道輪迴之旅	德洛達娃多瑪◎著	280 元
JB0074	突破修道上的唯物	邱陽．創巴仁波切◎著	320 元
JB0075	生死的幻覺	白瑪格桑仁波切◎著	380 元
JB0076	如何修觀音	堪布慈囊仁波切◎著	260 元
JB0077	死亡的藝術	波卡仁波切◎著	250 元
JB0078	見之道	根松仁波切◎著	330 元
JB0079	彩虹丹青	祖古．烏金仁波切◎著	340 元
JB0080	我的極樂大願	卓千拉貢仁波切◎著	260 元
JB0081	再捻佛語妙花	祖古．烏金仁波切◎著	250 元
JB0082	進入禪定的第一堂課	德寶法師◎著	300 元
JB0083	藏傳密續的真相	圖敦．耶喜喇嘛◎著	300 元
JB0084	鮮活的覺性	堪千創古仁波切◎著	350 元
JB0085	本智光照	遍智　吉美林巴◎著	380 元
JB0086	普賢王如來祈願文	竹慶本樂仁波切◎著	320 元
JB0087	禪林風雨	果煜法師◎著	360 元
JB0088	不依執修之佛果	敦珠林巴◎著	320 元
JB0089	本智光照—功德寶藏論　密宗分講記	遍智　吉美林巴◎著	340 元
JB0090	三主要道論	堪布慈囊仁波切◎講解	280 元
JB0091	千手千眼觀音齋戒—紐涅的修持法	汪遷仁波切◎著	400 元
JB0092	回到家，我看見真心	一行禪師◎著	220 元
JB0093	愛對了	一行禪師◎著	260 元
JB0094	追求幸福的開始：薩迦法王教你如何修行	尊勝的薩迦法王◎著	300 元
JB0095	次第花開	希阿榮博堪布◎著	350 元
JB0096	楞嚴貫心	果煜法師◎著	380 元
JB0097	心安了，路就開了： 讓《佛說四十二章經》成為你人生的指引	釋悟因◎著	320 元

JB0098	修行不入迷宮	札丘傑仁波切◎著	320 元
JB0099	看自己的心，比看電影精彩	圖敦・耶喜喇嘛◎著	280 元
JB0100	自性光明——法界寶庫論	大遍智　龍欽巴尊者◎著	480 元
JB0101	穿透《心經》：原來，你以為的只是假象	柳道成法師◎著	380 元
JB0102	直顯心之奧秘：大圓滿無二性的殊勝口訣	祖古貝瑪・里沙仁波切◎著	500 元
JB0103	一行禪師講《金剛經》	一行禪師◎著	320 元
JB0104	金錢與權力能帶給你甚麼？ 一行禪師談生命真正的快樂	一行禪師◎著	300 元
JB0105	一行禪師談正念工作的奇蹟	一行禪師◎著	280 元
JB0106	大圓滿如幻休息論	大遍智　龍欽巴尊者◎著	320 元
JB0107	覺悟者的臨終贈言：《定日百法》	帕當巴桑傑大師◎著 堪布慈囊仁波切◎講述	300 元
JB0108	放過自己：揭開我執的騙局，找回心的自在	圖敦・耶喜喇嘛◎著	280 元
JB0109	快樂來自心	喇嘛梭巴仁波切◎著	280 元
JB0110	正覺之道・佛子行廣釋	根讓仁波切◎著	550 元
JB0111	中觀勝義諦	果煜法師◎著	500 元
JB0112	觀修藥師佛——祈請藥師佛，能解決你的 困頓不安，感受身心療癒的奇蹟	堪千創古仁波切◎著	450 元
JB0113	與阿姜查共處的歲月	保羅・布里特◎著	300 元
JB0114	正念的四個練習	喜戒禪師◎著	300 元
JB0115	揭開身心的奧秘：阿毗達摩怎麼說？	善戒禪師◎著	420 元
JB0116	一行禪師講《阿彌陀經》	一行禪師◎著	260 元
JB0117	一生吉祥的三十八個祕訣	四明智廣◎著	350 元
JB0118	狂智	邱陽創巴仁波切◎著	380 元
JB0119	療癒身心的十種想—— 兼行「止禪」與「觀禪」的實用指引， 醫治無明、洞見無常的妙方	德寶法師◎著	320 元
JB0120	覺醒的明光	堪祖蘇南給稱仁波切◎著	350 元
JB0122	正念的奇蹟（電影封面紀念版）	一行禪師◎著	250 元
JB0123	一行禪師　心如一畝田：唯識 50 頌	一行禪師◎著	360 元
JB0124	一行禪師　你可以不生氣：佛陀的情緒處方	一行禪師◎著	250 元
JB0125	三句擊要： 以三句口訣直指大圓滿見地、觀修與行持	巴珠仁波切◎著	300 元

善知識系列　JB0126

六妙門：禪修入門與進階

作　　者／果煜法師
特約編輯／應桂華
責任編輯／廖于瑄
業　　務／顏宏紋

總 編 輯／張嘉芳
出　　版／橡樹林文化
城邦文化事業股份有限公司
104 台北市民生東路二段 141 號 5 樓
電話：(02)2500-7696　傳眞：(02)2500-1951
發　　行／英屬蓋曼群島商家庭傳媒股份有限公司城邦分公司
104 台北市中山區民生東路二段 141 號 2 樓
客服服務專線：(02)25007718；25001991
24 小時傳眞專線：(02)25001990；25001991
服務時間：週一至週五上午 09:30 ～ 12:00；下午 13:30 ～ 17:00
劃撥帳號：19863813　戶名：書虫股份有限公司
讀者服務信箱：service@readingclub.com.tw
香港發行所／城邦（香港）出版集團有限公司
香港灣仔駱克道 193 號東超商業中心 1 樓
電話：(852)25086231　傳眞：(852)25789337
Email: hkcite@biznetvigator.com
馬新發行所／城邦（馬新）出版集團【Cité (M) Sdn.Bhd. (458372 U)】
41, Jalan Radin Anum, Bandar Baru Sri Petaling,
57000 Kuala Lumpur, Malaysia.
電話：(603) 90578822　傳眞：(603) 90576622
Email：cite@cite.com.my

封面設計／周家瑤
內文排版／歐陽碧智
印　　刷／中原造像股份有限公司

初版一刷／ 2018 年 7 月
初版三刷／ 2022 年 6 月
ISBN ／ 978-986-5613-74-7
定價／ 400 元

城邦讀書花園
www.cite.com.tw

版權所有・翻印必究（Printed in Taiwan）
缺頁或破損請寄回更換

國家圖書館出版品預行編目（CIP）資料

六妙門：禪修入門與進階 / 果煜法師作 . -- 初版 . --
臺北市：橡樹林文化，城邦文化出版：家庭傳媒城邦分公司發行，2018.07
面；　公分 . --（善知識；JB0126）

ISBN 978-986-5613-74-7（平裝）

1. 禪宗　2. 佛教修持

226.65　　107007552

廣 告 回 函
北區郵政管理局登記證
北 台 字 第 10158 號
郵資已付 免貼郵票

104 台北市中山區民生東路二段 141 號 5 樓

城邦文化事業股份有限公司

橡樹林出版事業部　收

請沿虛線剪下對折裝訂寄回，謝謝！

|橡|樹|林|

書名：六妙門：禪修入門與進階　書號：JB0126

橡樹林文化
讀者回函卡

感謝您對橡樹林出版社之支持，請將您的建議提供給我們參考與改進；請別忘了給我們一些鼓勵，我們會更加努力，出版好書與您結緣。

姓名：＿＿＿＿＿＿＿＿＿＿ □女 □男 生日：西元＿＿＿＿＿年

Email：＿＿＿＿＿＿＿＿＿＿＿＿＿＿＿＿＿＿＿＿

● 您從何處知道此書？

□書店 □書訊 □書評 □報紙 □廣播 □網路 □廣告 DM □親友介紹

□橡樹林電子報 □其他＿＿＿＿＿＿

● 您以何種方式購買本書？

□誠品書店 □誠品網路書店 □金石堂書店 □金石堂網路書店

□博客來網路書店 □其他＿＿＿＿＿＿

● 您希望我們未來出版哪一種主題的書？（可複選）

□佛法生活應用 □教理 □實修法門介紹 □大師開示 □大師傳記

□佛教圖解百科 □其他＿＿＿＿＿＿

● 您對本書的建議：

＿＿＿＿＿＿＿＿＿＿＿＿＿＿＿＿＿＿＿＿

＿＿＿＿＿＿＿＿＿＿＿＿＿＿＿＿＿＿＿＿

＿＿＿＿＿＿＿＿＿＿＿＿＿＿＿＿＿＿＿＿

＿＿＿＿＿＿＿＿＿＿＿＿＿＿＿＿＿＿＿＿

＿＿＿＿＿＿＿＿＿＿＿＿＿＿＿＿＿＿＿＿

非常感謝您提供基本資料，基於行銷及客戶管理或其他合於營業登記項目或章程所定業務需要之目的，家庭傳媒集團（即英屬蓋曼群商家庭傳媒股份有限公司城邦分公司、城邦文化事業股分有限公司、書虫股分有限公司、墨刻出版股分有限公司、城邦原創股分有限公司）於本集團之營運期間及地區內，將不定期以 MAIL 訊息發送方式，利用您的個人資料於提供讀者產品相關之消費與活動訊息，如您有依照個資法第三條或其他需服務之業務，得致電本公司客服。

我已經完全瞭解左述內容，並同意本人資料依上述範圍內使用。

＿＿＿＿＿＿＿＿＿＿＿＿（簽名）

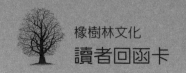